.8°

DATE DUE

D1193363

MAURICE BARRÈS

Pierre de Boisdeffre

MAURICE BARRÈS

Classiques du XXe siècle

Editions universitaires, 72, bd Saint-Germain, Paris 5e

IL A ÉTÉ TIRÉ DE CET OUVRAGE, LE QUARANTE-TROISIÈME DE LA COLLECTION « CLASSIQUES DU XXe SIÈCLE », DIRIGÉE PAR PIERRE DE BOISDEFFRE, 25 EXEMPLAIRES SUR FEATHERWEIGHT ANTIQUE WOVE, NUMÉROTÉS DE 1 A XXV, RÉSERVÉS AUX MEMBRES DE LA SOCIÉTÉ DES BIBLIOPHILES ET ICONOPHILES DE BELGIQUE, ET 30 EXEMPLAIRES SUR PRIMALFA, DONT 5 MARQUÉS H. C. ET NUMÉROTÉS DE 1 A 25.

A Victor de Pange

Avertissement

Quels que soient les « jugements » qui, depuis trente ou quarante ans - du « Procès » Dada aux sarcasmes de Sartre - ont été infligés à Barrès - verdicts dont l'excès même réduit souvent la portée -, l'auteur des Déracinés demeure un témoin capital de la sensibilité de son époque et un écrivain de race. A ce double titre, il avait sa place dans les « Classiques du XXe siècle ».

« En 1975, pour accueillir sa chère Ombre, subsistera-t-il un seul cœur, une seule pensée ? Se trouvera-t-il encore des mains pieuses pour écarter, sur cette pierre où les plus grands noms s'effacent, l'herbe épaisse de l'oubli ? » demandait naguère François Mauriac. Et le concert de voix dédaigneuses ou hostiles que suscitait alors le seul nom de Barrès pouvait justifier cette crainte. Quant à moi, la découverte d'Un homme libre, faite à quinze ans, dans la solitude d'une campagne et l'humiliation d'une défaite, l'avait pour toujours exorcisée. Je me sentais une dette de gratitude envers cet « homme libre » - insolent et juvénile, un peu dandy, un peu cynique, mais jamais tiède - qui, à l'heure où le monde s'écroulait autour de moi, m'avait rendu confiance - en mon avenir, en mon pays, en ma civilisation. De là, mon premier article, à lui dédié, et ces efforts pour en appeler d'aînés ingrats ou mal informés, à des héritiers plus dignes de le comprendre et de l'aimer. De l'enquête de la Gazette des Lettres à celle des Nouvelles littéraires, *en passant par l'article des* Etudes *qui me valut de longues lettres de Gide, de Malraux, et de Maurras emprisonné, jusqu'aux témoignages réunis dans* Barrès parmi nous *(1952), et qui allaient de Gide à Camus, je recueillis le sentiment que ce long Purgatoire, que d'aucuns s'employaient à muer en un définif Enfer, allait peut-être enfin s'ouvrir. 1962, l'année du centenaire de sa naissance, dira si je me suis trompé.*

Ce premier essai était trop personnel pour figurer dans cette collection. Mais il s'agit toujours de rendre à Barrès sa juste part de gloire sans se laisser aveugler par elle ; de le situer et de le comprendre, sans nécessairement l'absoudre. Les ouvrages posthumes parus depuis 1952, ainsi que les essais qui lui ont été consacrés, ont été naturellement mis à contribution, dans l'esprit de cette collection, qui est d'informer et de critiquer, et surtout d'amener à une œuvre les lecteurs restés indifférents parce qu'ils ne possédaient pas les bonnes clés.

P. B.

Paris, octobre 1961

I

Les annécs d'apprentissage

L'important, c'est soi...
Mon moindre désir, j'espère
bien que la vie le comblera.
Il faut être haut et dur [...]
sans quoi on est un chien que
tous crottent du pied.
Frémissant jusqu'à serrer les
poings du désir de dominer la vie.

Je suis né à Charmes-sur-
Moselle, *vieille petite ville des*
ducs de Lorraine. Tous les miens
sont lorrains, de Charmes même.
La Revue Blanche *avait bien rai-*
son de m'appeler un enfant de
petite ville. Je suis cela au plus
haut point. J'aime une ville à la
mesure humaine [1].

Charmes-sur-Moselle, où Maurice Barrès naquit le
19 août 1862, est une petite ville des Vosges, sise au pied
de la colline de Sion-Vaudémont, qui a perdu tout cachet
depuis les destructions de la dernière guerre. Mais les

[1] *Cahiers,* XIV, Plon.

Barrès n'étaient lorrains que de fraîche date. Ils venaient de la Haute-Auvergne : Saint-Flour, qu'on a pu comparer à une Tolède janséniste, est leur berceau.

Un Pierre-Maurice Barrès y défendit la ville comme consul lors de la guerre de Cent Ans, et sa lignée persista jusqu'au XVIe siècle. Le *pays de Barrès* - *Pagus barrensis* -, sorte de bastion avancé de l'Auvergne vers le midi, a donné son nom à plus d'une localité. Les influences ibériques et sarrazines y sont encore sensibles. Pendant la Révolution, Jean-François Barrès, maire et conseiller général de Blesle, tint tête au Directoire. Médecin comme lui, son neveu fut interne des hôpitaux de Paris. D'un second mariage de Jean-François Barrès naquit le chef de bataillon des Vélites de la Garde dont Maurice Barrès, son petit-fils, devait publier les *Souvenirs*. Il épousa une Lorraine et se fixa à Charmes au lendemain des guerres de l'Empire. Ainsi, son fils Auguste, sorti de l'Ecole centrale, après son mariage vécut-il à Charmes. Mais, en mûrissant, Barrès devait retrouver, ancrée en lui, l'influence de l'Auvergne, à laquelle il avait préféré celle de la Lorraine.

Après avoir enseigné quelque temps la chimie et appartenu aux Contributions directes, Auguste Barrès a pris sa retraite. Il vit avec son épouse - intelligente et belle, sensible, cultivée, mais trop souvent malade - rue des Capucins, tandis que les beaux-parents Luxer habitent route d'Epinal une grande maison bourgeoise sans style à la sortie de la ville, entourée d'un vaste jardin.

Sauvé par miracle (en 1867) d'une grave fièvre typhoïde, choyé par sa mère, par sa sœur Marie et par ses grands-parents maternels, le jeune Maurice n'a pas de plus grande joie que d'écouter sa mère lui lire les romans de Walter Scott. Jamais plus il n'oubliera cette « *voix d'espérance, de joyeuse annonciation, une jeune voix qui chante toujours l'orgueil d'élever un garçon* ». Aux passionnantes aventures de Richard Cœur de Lion en Palestine, il devra, s'il faut l'en croire, « *cette charmante idée fausse que j'ai toujours*

*eue des femmes, me les représentant comme des créatures
idéales qui n'ont aucune de nos passions matérielles* ».

C'est en tout cas à la « petite bibliothèque de sa mère »
qui allait de l'*Histoire Sainte* aux *Lundis* de Sainte-Beuve,
en passant par Balzac et Fenimore Cooper, qu'il devra les
premières bases de sa culture, « le magnifique fil le reliant
dans son passé à ses premières songeries ». L'hiver, les
Barrès gagnent Strasbourg où ils habitent une vieille maison,
rue de la Toussaint, à deux pas de l'Ill. L'enfant se promène
le long des quais entre les vieux hôtels aux pierres rougeoy-
antes ; il ne pourra jamais les oublier.

Il a huit ans lorsqu'une troupe prussienne entre, sur
un air de fifre, dans sa chère ville de Charmes : voilà une
humiliation que le temps n'effacera pas. Pendant deux
ans, de ses fenêtres, le jeune garçon pourra contempler
l'ennemi. Mais voici pire encore : la Malgrange.

La Malgrange

« *En 1872, au lendemain du départ des Prussiens,
j'entrai au collège. Il le fallait bien. J'en avais beaucoup
voulu à mes chers parents. Je disais des bêtises : « J'aime
mieux garder les vaches dans les prairies. » Ils ne pouvaient
pas faire autrement qu'ils n'ont fait. Et d'ailleurs, je ne
crois pas que je puisse non plus m'en prendre à mes
maîtres, ni à mes camarades. Je n'étais pas fait pour l'internat, voilà tout. Mais il est très possible que cet abîme
de malheur ait été favorable à ma sensibilité* [1]. »

Le premier jour au collège, commencé dans l'enthousiasme, s'acheva sur une note de vrai désespoir. L'enfant
venait de tourner la tête pour dire adieu à ses parents.
Ceux-ci n'étaient plus là. « *Je les cherchai. J'étais seul.* »
L'enfer commençait pour le petit garçon *en culotte courte*

---

[1] Les citations sont extraites, sauf indication contraire, des *Cahiers*
(Copyright librairie Plon).

à élastique au-dessus du genou abandonné « au milieu des enfants méchants, dans la cour d'honneur de la Malgrange ».

Bien que la Malgrange fût située au milieu d'un parc, l'enfant n'y retrouvait rien de ce qu'il aimait : l'air était différent, les fleurs elles-mêmes n'y avaient plus le même parfum. Il cherchait en vain « *les papillons et les martins-pêcheurs, le parfum des œillets et des roses, le chant des rossignols et des fauvettes* » au son duquel il s'éveillait à Charmes. Il avait oublié « *la joie des enfants et la bonté des femmes* ».

Le romantisme de l'enfance aggravait encore ses malheurs : « *Mes camarades m'appelaient le corbeau, parce que j'étais un petit garçon, noir de cheveux, grave et isolé* […] *J'étais accablé de tous les maux dont on ne meurt pas : névralgies, engelures, maux de dents, coliques, rhumes de cerveau, angines, bronchites. J'avais un dégoût profond des repas qu'on nous servait, des études où l'on étouffait, des récréations où l'on gelait, les pieds dans l'eau. Et quel mal du pays, quelle épouvante des camarades !* »

Quatre années s'écoulèrent ainsi, mornes, repliées, humiliantes. « *Dans cette méchanceté, dans cette misère, dans cet hiver, dans cette nuit, seul, pas encore assez seul puisque ces enfants et ces professeurs qui m'épouvantaient étaient là, je me suis mis à me replier sur moi-même et à m'encourager à vivre quand même.* »

Ainsi débuta le « Culte du Moi » : par une affirmation rageuse de soi-même, par ce défi : « Quand je serai grand, est-ce que je rougirai de ce que je suis aujourd'hui ? » Méprisé dès le premier jour par les petits cancres savants qui l'entouraient (« *J'avais dix ans. Je savais lire, écrire, et mon catéchisme. Rien de plus.* »), l'enfant se réfugiait, comme à Charmes, dans ses lectures : à l'Orient de Walter Scott et au Procès du prince Pierre Bonaparte, relaté par les *Débats*, succédaient *les Trois Mousquetaires* et l'enivrante *Histoire des Girondins*, telle que l'avait transfigurée Lamartine : ainsi la politique entrait déjà dans ses rêves, avec ses couleurs d'or et de sang. Lus avec la même passion, les romans d'Erckmann-Chatrian lui apprirent « quelle éternelle aventure » recelaient les marches lorraines.

Pour son quinzième anniversaire, Barrès obtint de ses parents l'*Histoire de la Littérature anglaise* de Taine, tandis que l'*Anthologie des prosateurs français du XIXᵉ siècle*, si incomplète fût elle, lui ouvrait une voie vers ses contemporains. (« *A chaque fois que je l'ouvre, je retrouve cette joie aiguë et tremblante, joie enveloppée de tristesse que me faisait ce bon livre pendant les longues études du soir, quand, après une journée terrible, je me consolais parmi ces enchanteurs, jusqu'à l'heure bénie du coucher.* ») En lisant *la Jeunesse des hommes célèbres,* de Muller (Hetzel, 1867) il se penchait sur « *l'énigme, quasi-religieuse, du génie* », celui d'Alexandre et de Napoléon, comme celui de Michel-Ange, de Claude Lorrain et de Balzac.

Lorsque venaient les vacances, le jeune homme reprenait le contact avec son « fonds lorrain » : « *soit avec les idées de ma petite ville et de l'ancien duché, soit avec les idées de l'Alsace, où nous allions passer l'été, le plus souvent, et qui ne me laissait pas une minute sans entendre autour de moi la protestation franco-alsacienne contre l'Allemagne.*

» *Dans quelle mesure je m'intéressais aux unes et aux autres, ce n'est pas plus une question que de demander à un enfant s'il pense au pain, au vin, à la soupe qu'on dépose à chaque repas sur la table. Il en vit, en même temps qu'il garde sa convoitise pour les fruits et les pâtisseries.* »

Au lycée de Nancy

A quatorze ans, Maurice Barrès entrait au lycée de Nancy.

« *Après quatre ans de Malgrange, j'ai continué mes études au lycée. Je n'y ai pas vu grande différence. Les*

*conditions physiques de la vie y étaient également absurdes
(une vie de ménagerie) ; les études, toutes pareilles. Les
enfants de la Malgrange sortaient du monde paysan ou de
la société ; ceux du lycée étaient surtout des fils de petits
bourgeois et de fonctionnaires.* »

La vie au lycée consacra le déracinement du jeune
Barrès ; elle aggrava le contraste entre le sentiment qu'il
éprouvait de l'inutilité et de la médiocrité de sa vie, et la
soif de grandeur qu'il puisait dans la littérature. Pourtant,
il fut « *traité avec une grande bienveillance par le professeur de rhétorique, M. Collignon, à qui j'ai toujours gardé
beaucoup de reconnaissance parce qu'il a dit à mes parents
que, si j'étais son fils, il me laisserait avec confiance tenter
la carrière des lettres. Et, en philosophie, une grande chose
m'advint : je me trouvai, pour la première fois, en présence
d'un homme supérieur.* »

Cet « homme supérieur », c'était le fameux Burdeau,
un moment remplacé par Jules Lagneau. Chacun s'accordait
à prédire à ce jeune professeur, frais émoulu de l'Ecole
normale, une grande carrière. Disciple de Jules Ferry, Burdeau entrerait un peu plus tard à la Chambre des députés
dont il deviendrait le président. Comment ne pas citer ici
le fameux passage des *Déracinés* qui évoquera les débuts
du jeune professeur, peint sous les traits de Bouteiller :

« *En octobre 1879, la classe de philosophie du lycée
de Nancy fut violemment émue. Le professeur, M. Paul
Bouteiller, était nouveau et son aspect, le son de sa voix,
ses paroles dépassaient ce que chacun de ces enfants avait
imaginé de plus noble et de plus impérieux [...]*

» *[...] A ces jeunes gens qui jusqu'alors remâchaient
des rudiments quelconques, on venait de donner le plus
vigoureux des stimulants : des idées de leur époque.*

» *[...] Ce jeune homme au teint mat qui avait quelque chose d'un peu théâtral, ou tout au moins de volontaire
dans sa gravité constante et dans son port de tête, fut con-
fusément l'initiateur de ces gauches adolescents. La jeunesse*

est singe : on cessa de se parfumer au lycée de Nancy, parce que Paul Bouteiller, qui n'avait pas le goût petit, séduisait naturellement.

» Ils l'associaient à toutes les notions qu'ils s'étaient amassées, du sublime moderne. Dans un âge où les lycéens du Premier Empire entendaient le canon de Marengo et parfois le coupé de l'Homme traversant en hâte leur ville, ces enfants grandis depuis la guerre n'avaient d'autre idée générale de qualité émouvante que la France vaincue et la République en lutte contre les partis dynastiques. D'instinct ils symbolisaient et glorifiaient la persistance de la patrie dans le nom national et républicain de Victor Hugo. Les vieux professeurs des petites classes lui déniaient tout talent ; en rhétorique on admettait certaines de ses beautés modérées. De ces injustices, les lycéens, en 1879, frémissaient. Quinze jours environ après la rentrée, M. Bouteiller leur apporta la seconde série de la Légende des siècles : il lut l'Hymne à la Terre, où l'on jette un magnifique regard sur le fleuve épandu, sur le Gange que fut au terme de sa course le vieux maître, et, le commentant de sa belle voix grave, pure d'accent provincial et dont l'autorité leur semblait religieuse, il ouvrit à ces êtres encore intacts les grands secrets de la mélancolie poétique.

» Quelle matière sublime qu'un troupeau de jeunes mâles reclus, confiants et avides ! Par ses actes, même indifférents, M. Bouteiller les modelait.

[...]

» Dans un âge où l'on a besoin de beaucoup s'assimiler, l'image de ce maître s'enfonçait de plus en plus en eux et devenait une partie de leur chair ; elle leur communiquait le désir le plus violent de Paris [1]. »

Bouteiller-Burdeau fut pour l'adolescent Barrès l'Adversaire - et aussi le grand responsable de la démoralisa-

[1] Les Déracinés.

tion de sa génération. Dans ses *Cahiers*, Barrès, pris d'un
scrupule tardif, lui rendra justice :

« *J'ai parlé de Burdeau d'une manière défavorable
dans les Déracinés et par la suite. Ce que j'en ai écrit continue de me paraître exact. Mais il faut que je dise expres-
sément ce que l'on a déjà pu distinguer dans mes portraits
de cet homme remarquable et, au dernier mot, malheureux :
je suis son obligé. Il a violemment ému l'enfant de dix-sept
ans que j'étais et près de qui il était un délégué de quelque
chose dont j'ai été bien vite rassasié, dont je suis à cette
heure totalement désabusé, mais enfin que j'appelais alors
de toute mon ardeur. Il a été, pour moi, l'homme moderne.*

1º Il parlait avec noblesse ;

*2º Il connaissait les plus beaux livres et il semblait
les dominer ;*

3º Il avait fait la guerre.

» *Ces divers titres, de valeur inégale, continuent de
valoir à mes yeux. Dans ce temps-là, j'admirais en outre
qu'il se fût fait lui-même.* » Un peu plus loin, Barrès dit,
plus durement, que Burdeau était un spécimen « *de ce type
dont* [il] *devait voir par la suite d'innombrables répliques :
le Tartuffe moderne* [1] ».

Au lycée, Barrès ne rêvait guère que de littérature -
sans doute aussi de politique. Une nouvelle, écrite un après-
midi d'été, lui avait révélé la joie de la création :

« *Je l'écrivis avec une extrême facilité. La chose faite,
au soir, je m'en allai jouer comme un enfant dans le sable
de la Moselle, en créant des petits canaux, des fortifications
que je regardai l'eau envahir. Mon enfantillage, ma joie
me frappaient moi-même ; j'étais étonné du sens que je
trouvais aux choses et du plaisir que j'y prenais. J'ai con-
servé toute la vie un grand souvenir de cet entrain, et après
quarante ans il m'en reste quelque chose.*

Cependant je n'en ai tiré aucun enseignement sur la

---

[1] *Cahiers*, XIV.

*manière dont naissent les œuvres d'art. A cette époque, et
pendant des années et des années, je ne me rendais pas
compte que nous avons de rares moments créateurs, inspirés, de ce qu'il y a d'involontaire, de cette brûlante poussée. Je croyais excessivement à la clarté du regard. Mais
peut-on quelque chose pour favoriser, pour stimuler cette
poussée des voix intérieures ? C'est déjà utile de la connaître et de respecter le fond affectif et sensible où elle
se forme, d'où elle surgit.*

    *Nous verrons comment je me reconnus. A cette époque,
ce qui seul comptait en moi, non seulement m'était une
énigme, mais j'ignorais que cette énigme existât, j'ignorais
ce point d'animation, cette cellule religieuse. J'ignorais complètement mon secret. Je partis pour Paris avec ma mar-
motte. Je ne savais rien de mon être. Et la première question
que me posa France fut : « Qui êtes-vous ? » Ce qui me
sauva, c'est la vie. Je subis ses coups, son rythme [1]. »*

    L'été 1880, Barrès a dix-huit ans. Bachelier de philo-
sophie, il s'inscrit à la faculté de droit de Nancy. Grand
admirateur de Baudelaire et de Flaubert, il a déjà décidé
de consacrer sa vie aux Lettres ; ainsi espère-t-il prendre
cette revanche sur les années encasernées du collège et du
lycée dont il a besoin pour devenir ce qu'il est. « *Grande
inconséquence de notre éducation française qu'elle nous
donne le goût de l'activité héroïque, la passion du pouvoir
ou de la gloire, qu'elle excite chaque jour par la lecture
des belles biographies et par la recherche des cris les plus
passionnés, et qu'en même temps elle nous permette de
considérer l'univers et la vie sous cet angle d'où trois cent
millions d'Asiatiques ont conclu au Nirvana, la Russie au
nihilisme et l'Allemagne au pessimisme scientifique [2]. »*

[1] *Cahiers, XIV.*
[2] *Le Départ pour la vie.*

Un trio de déracinés

Depuis 1878, Barrès s'est fait deux amis : Léon Sorg et Stanislas de Guaita. Ce dernier lui était particulièrement cher ; Guaita avait un an de plus que lui. « *Quel noble compagnon, éblouissant de loyauté et de dons imaginatifs ! Nous le vîmes plus tard corpulent, un peu cérémonieux, avec un regard autoritaire ; c'était alors le plus aimable des enfants, ivre de sympathie pour tous les êtres et pour la vie, d'une mobilité incroyable, de taille moyenne, avec un teint et des cheveux de blond, avec des mains remarquables de beauté. Dès 1878, je ne suis plus seul dans l'univers* [1]. »

En 1878, Stanislas de Guaita avait dix-sept ans. Externe au lycée de Nancy, il avait apporté en cachette à son ami *Emaux et Camées, les Fleurs du Mal, Salammbô.*

« *Après tant d'années, je ne me suis pas soustrait au prestige de ces pages, sur lesquelles se cristallisa soudain toute une sensibilité que je ne me connaissais pas. Et comme les simples portent sur le marbre ou le bois dont est faite l'idole leur sentiment religieux, l'aspect de ces volumes, leur odeur, la pâte du papier et l'œil des caractères, tout cela m'est présent et demeure mêlé au bloc de mes jeunes impressions. Il n'est de vrai Baudelaire pour moi qu'un certain exemplaire disparu à couverture verte et saturé de musc. M'inquiétais-je beaucoup d'avoir une intelligence exacte de ces poètes ? Leur rythme et leur désolation me parlaient, me perdaient d'ardeur et de dégoût. Une belle messe de minuit bouleverse des fidèles, qui sont loin d'en comprendre le symbolisme. La demi-obscurité de ces œuvres ajoutait, je me le rappelle, à leur plénitude. Je voyais qu'après cent lectures je ne les aurais pas épuisées ; je les travaillais et je les écoutais sans qu'elles cessassent de m'être fécondes. Force des livres sur un organisme jeune, délicat et avide* [1] *!* »

« *Absolument étrangers* » aux controverses qui passion-

---

[1] *Le Départ pour la vie.*

nent l'opinion, les deux amis communient dans l'amour des Lettres : « *Nous n'admettions pas qu'un romantique ou que le moindre parnassien nous demeurât fermé. Toute la journée, et je pourrais dire toute la nuit, nous lisions à haute voix des poètes. Guaita, qui avait une santé magnifique et qui en abusait, m'ayant quitté fort avant dans la nuit, allait voir les vapeurs se lever sur les collines qui entourent Nancy. Quand il avait réveillé la nature, il venait me tirer du sommeil en me lisant des vers de son invention ou quelque pièce fameuse qu'il venait de découvrir.*

» *Combien de fois nous sommes-nous récité* l'Invitation au voyage, *de Baudelaire ! C'était le coup d'archet des tziganes, un flot de parfums qui nous bouleversait le cœur, non par des ressouvenirs, mais en chargeant l'avenir de promesses.* « *Mon enfant, ma sœur, - songe à la douceur - d'aller là-bas vivre ensemble ! - Aimer à loisir, - aimer et mourir - au pays qui te ressemble...* » [...] *Mais le point névralgique de l'âme, le poëte chez moi le touchait, quand il dit :* « *Vois sur ces canaux - dormir ces vaisseaux - dont l'humeur est vagabonde ;   c'est pour assouvir - ton moindre désir...* » *Mon moindre désir ! j'entendais bien que la vie le comblerait.*

» *En même temps que les chefs-d'œuvre, nous découvrions le tabac, le café et tout ce qui convient à la jeunesse* [1]. »

Des années plus tard, Barrès, célèbre et comblé, évoquait encore ces jours comme les plus beaux de sa vie : « *Voilà le temps d'où je date ma naissance. Oui, cette magnificence de la nature, notre jeune liberté, ce monde de sensations soulevées autour de nous, la chambre de Guaita où deux cents poètes pressés sur une table ronde supportaient avec nos premières cigarettes des tasses de café, voilà un tableau bien simple ; et pourtant, rien de ce que j'ai aimé ensuite à travers le monde, dans les cathé-*

[1] Barrès, *op. cit.*

*drales, dans les mosquées, dans les musées, dans les jardins,
ni dans les assemblées publiques n'a pénétré aussi profondément mon être* [1] *!* »

L'alsacien Léon Sorg - né à Haguenau, il devait faire
carrière dans la magistrature coloniale - le gentilhomme
lorrain Stanislas de Guaita, et Barrès forment alors un trio
de « déracinés », proches de ceux que le romancier peindra
plus tard. La grande affaire pour eux - mais surtout pour
Barrès, le plus pauvre, et le plus démuni des trois [2], en
relations et en protecteurs - est de « réussir ». Mais *réussir* et faire une œuvre, ce sont deux choses bien différentes.
Comment les faire coïncider ? Barrès s'interroge. Il a peu
vécu, beaucoup lu, et il en est parvenu à ce point de satura-
tion où, dégoûté de lire, tout l'écœure :

---

[1] Barrès, *op. cit.*
[2] Si Guaita avait de la fortune, Sorg et Barrès avaient été élevés avec
simplicité. Etudiant à Paris, Barrès y connut des débuts difficiles ;
mais sa famille n'était pas sans ressources ; sa grand-mère Luxer et
ses parents passaient sur la côte une partie de l'hiver. M. Philippe
Barrès m'écrit à ce propos : « C'étaient des bourgeois provinciaux cultivés, lisant les Latins et les Grecs dans le texte ; et s'il n'avait pas
eu la vocation littéraire, Maurice Barrès était promis à l'achat d'une
étude de notaire ou à la magistrature, qui lui auraient permis, comme
le lui disait son père, de devenir sénateur et maître du département.
Sur ces Luxer, propriétaires terriens et magistrats de Charmes et de
Nancy, sur ce milieu lorrain avant 1914, la note juste est donnée par
Maurice Barrès dans sa Préface aux *Souvenirs d'un officier de la
Grande Armée*. Il suffit de voir comment J.B. Barrès écrit pour sentir
la qualité de cette formation : pas une faute de goût.
» Ceci dit pour éviter une coloration *le Rouge et le Noir* que le *ton*
de Barrès jeune évoque parfois un peu littérairement, et qui,
prise trop à la lettre, gênerait pour comprendre son évolution ultérieure
vers les idées traditionnelles. Il n'y aurait pas d'inconvénient grave à
romancer dans la direction Julien Sorel, mais ce serait inexact. Dans
les conversations très ouvertes qu'il avait avec Paul Bourget, Maurice
Barrès examinait avec attention ce sujet de *l'étape*, important dans la
vie de son ami Bourget et sujet d'un de ses meilleurs livres. Maurice
Barrès n'avait pas le sentiment que cela pût le concerner, ou qu'il en
eut en rien l'expérience directe. Tout ceci dit, il reste bien vrai qu'il
n'était pas *riche* et qu'il n'avait pas de *relations*. »

« La littérature n'est qu'une immense plaisanterie, entreprise commerciale pour placer des actions à 3, 50, sans intérêts (oh ! un calembour !)) ; les réputations sont des balançoires, *valeurs qui, elles-mêmes ont leurs cotes, prennent et baissent selon les besoins de cette industrie.* »

« Dès aujourd'hui, *écrit-il le 10 octobre 1880 à Léon Sorg,* je modifie complètement mes programmes ; je sors de mon cercle routinier d'admirations béates. Je quitte Daudet, Flaubert. J'expulse la poésie, je crache sur le roman. *Eh ! je crois, ma parole, que j'allais tourner moi aussi comme le Rodolphe de Murger et collectionner tous les bouquins jaunes, verts et bleus, rances ou frais que des niais âgés de vingt ans et même de plus pillent, cousent, liment et scient, puis jettent à la tête des libraires et du public. Et qu'est-ce que la poésie ? Tantôt ça ne veut rien dire ; tantôt ça dit des niaiseries ; tantôt c'est trop fort et je suis trop faible, alors je n'y comprends rien.*

» *Si tu es sincère, tu avoueras tout bas que bon nombre de pièces de Lamartine, de Th. Gautier, de Th. de Banville, Ste-Beuve, Baudelaire sont dans ce cas, c'est-à-dire ne signifient rien. Et encore je ne parle point de l'immense racaille des poètes que tu vois s'avancer chantant l'aurore, la brise, le printemps, la jeunesse, leurs maîtresses et leurs trente-six femmes légitimes ou illégitimes.* »

Même en face de « la grande poésie » (*la Comédie de la Mort,* certaines pièces de *la Légende des siècles, le Pape, la Pitié suprême, Religion et religions* et nombre de pièces des *Contemplations*), il avoue son hésitation. C'est beau. - Mais pourquoi ?

« *Parce que là s'agitent de grandes questions, parce que cela remue vraiment quelque chose en nous ; ce n'est plus un rayon charmant qui éblouit l'esprit pour s'évanouir bientôt dans l'ombre de l'oubli. C'est le soleil à côté du lustre de boudoir, le vrai devant le factice. Mais dans cette perfection même est l'écueil. Je ne puis supporter l'éclat du soleil, il me gêne, il me fatigue, il m'éblouit, somme*

toute l'excès même de lumière m'empêche de le voir. -
Et bien ! je dirai la même chose de cette grande poésie,
je ne la vois pas, c'est-à-dire je ne la comprends point, parce
que je ne puis la fixer, elle me fatigue, elle m'éblouit, en
un mot elle me dépasse, comme je te le disais, elle est trop
forte, je suis trop faible. Te rappelles-tu ces passages, des
Contemplations *notamment ? Donnons-nous la main et*
avouons-le : nous n'y voyons rien. J'en ai ri, j'en suis fu-
rieux maintenant ! »

Quant au « commun vulgaire des romanciers », Barrès
préfère n'en point parler. « *Le style,* quelques-uns *l'ont*
divin, mais les idées, si peu les ont ! Je les renie tous,
excepté Balzac. Connais-tu la Peau de Chagrin ? *C'est un*
chef-d'œuvre, et personne ne la lit aujourd'hui. »

Finalement, ce Barrès de 1880 va demander à Michelet,
Vacquerie, Littré, Renan, Taine surtout, des « impressions
nouvelles ».

Enfin, Paris

Une réflexion de son cousin Maurice Valentin, étudiant en médecine à Paris, a fait son chemin dans son esprit.
« C'est à côtoyer les maîtres, lui a-t-il dit, qu'on se rend
compte que leur mérite n'est pas inaccessible. »

Une première fois, Barrès monte à Paris, au mois de
novembre 1881. Hélas, les bouquins sont chers, les gloires
inaccessibles, les réputations frelatées ; quant aux critiques
ou aux gens de lettres qu'il rencontre, ils sont odieux de
suffisance et de mépris. « *Tu ne te figures pas ce que c'est,*
écrit-il à Sorg. *Chez Ackermann, j'en ai rencontré quelques-*
uns, - des savants. On a parlé de leurs amis, les Caro,
les Taine, les Renan. Pas un brin d'enthousiasme. Et les
jeunes, faut voir comme on vous bafoue même des types
que nous envions, les Edouard Grenier qui en sont à leur
sixième volume et aux troisièmes éditions ! »

D'où cette conclusion, qui éclate comme un cri de vengeance :

« *Il faut être haut et dur, de bronze et au-dessus de tous, sans quoi on est un chien que tous crottent du pied.* »

En attendant, Barrès travaille, d'arrache-pied, cherchant sa voie, hésitant entre la critique littéraire et le roman, entre l'analyse psychologique et les descriptions ou les dialogues, entre Flaubert et Zola. Il lui faut calculer « *ce qui plaira à* la jeune France, *au* Figaro, *au* Rappel » et en même temps trouver sa voie, son style. Il se désole ; rien de ce qu'il écrit ne le satisfait (« *Je n'ai pas de style ; c'est un effort que le mien, il me faut cinq, six copies pour coucher ma métaphore. - Surtout, j'ai peur de ne pas m'abandonner assez à ma nature.* ») A quoi Sorg lui répond avec bon sens : « Tu cherches ta voie et ne l'as pas encore trouvée. Rien d'épatant ; si tu en étais déjà là, à ton âge, tu serais un génie précoce. C'est difficile à trouver ; toutes les mines sont exploitées, et tout le monde n'a pas la veine de découvrir une veine (pardon) nouvelle. » Et de lui donner des conseils : « Le Zola est coulé, pour ainsi dire. Tu es trop pessimiste de tempérament pour faire du Droz [etc.] [1]. »

Enfin, la décision capitale est prise. Sans tenir compte des objurgations de sa famille, qui voudrait qu'il prenne une « position », Barrès s'installe définitivement à Paris le 12 janvier 1883, dans une pension de famille de la rue Victor Cousin. Il n'y arrive pas tout à fait en inconnu puisqu'il y a déjà des correspondants et qu'Allenet publie (le 1er février 1883) son étude sur *Anatole France,* bientôt suivie d'un *Théodore de Banville.* Néanmoins, les débuts sont durs. Puisque le retour à Charmes est exclu, il s'est condamné lui-même au succès - ou à l'indigence. « *Il m'arriva de me nourrir un mois entier avec 35 francs. Mes amis les plus proches n'en ont rien su.* »

Méthodiquement, ce jeune Rastignac décidé à con-

[1] Lettre du 6 septembre 1882, citée dans *le Départ pour la vie.*

quérir la capitale, établit une liste de personnalités dont il entend se faire des amis. On y trouve des poètes comme Banville, Leconte de Lisle et Sully Prudhomme, de jeunes romanciers comme France et Bourget, des critiques débutants comme Jules Lemaître.

« *Au début d'une vie, la grande affaire, c'est d'avoir le pied à l'étrier. Si personne ne se trouve là pour vous rendre ce service, on peut tourner en rond et dépérir avec des dons et tout le courage du monde.*

» *Quand je suis arrivé à Paris, à dix-neuf ans, sous le prétexte de continuer mon droit au Quartier latin, je ne pensais qu'à faire de la littérature, mais je me rends compte aujourd'hui que je ne savais pas ce que c'était. Il y a parmi les gens connus de tous les temps, deux catégories : l'une, la plus nombreuse, est faite de successeurs. Ils sont enfants de la balle, nés de familles publiques. Ils succèdent à un nom. Une pente les fait rouler, les entraîne, les dirige. Nous avons toujours le principe d'hérédité. Il est naturel, inévitable.* » (Et Barrès de citer, à l'Académie, Halévy, Henry Houssaye, Lavedan, Deschanel, les Broglie, les Haussonville, Albert de Mun... ; au Parlement, Carnot, Casimir-Périer, Cavaignac, Daudet, Berthelot...)

« *Moi, je ne pouvais me recommander de rien ni de personne. Au fond de ma chambre d'un hôtel garni de la rue Victor-Cousin, j'aurais dû redouter un dur échec si j'avais été mieux averti des conditions de la vie.*

» *Très vite pourtant, je disposai d'une chose de grande importance : l'amitié de Leconte de Lisle... Lui si âpre, parfois injuste, féroce avec ses pairs, il se montrait parfaitement bon pour les jeunes gens.*

» *... Je l'avais connu par l'intermédiaire de* la Jeune France, *cette petite revue que lui-même, François Coppée, Bourget, Camille Pelletan, Anatole France, Auguste Vacquerie suivaient, lisaient, patronnaient. Son rédacteur en chef, Albert Allenet, s'engoua de mes premiers essais avec une passion qui faisait sourire. Il me mena chez ces écri-*

*vains. Ils me reçurent cordialement, m'attirèrent souvent.
Leconte de Lisle était le Dieu ; Anatole France une divinité
intermédiaire, et Bourget, un camarade supérieur, un grand
aîné.* »

Barrès connaîtra des moments de vif découragement,
(« *Quel charnier, que cette existence ! Ajoute à cela une
vadrouille qui me panne et m'éreinte, et m'enlève au travail
et à la gloire... ce qui me tue, c'est moins la* nouvelle,
*le roman, l'étude à faire, que le moyen de les produire, la
fièvre d'arriver vite et haut. Je ne fais plus rien, et j'ai
cinquante projets qui se pressent et m'écrasent, que je voudrais tous exécuter...* ») mais jamais il n'abandonnera le
double but qu'il s'était fixé : se faire connaître - faire
une œuvre.

Les Taches d'encre

En novembre 1884, il lance *Les Taches d'encre*, dont
il annonce ainsi la parution à l'ami Sorg :

« *Chaque numéro (de cinquante pages environ, in-18,
édité avec luxe) contiendra une nouvelle, un article de
polémique, un article de critique et une gazette du mois.

» Le numéro (mensuel) me revient, au grand maximum et en tout, à 200 francs. Or, je pense avoir trois cents
abonnés pour débuter. L'exemplaire étant à 1 franc, tu vois
qu'il y a bénéfice.* »

Pour un débutant de vingt-deux ans, cette revue, cons-
titue, reconnaît-il, « *un acte de toupet* ». « *Heureux ou
non, cela va me faire sortir de l'ornière et du commun des
jeunes. Il s'agit de ne pas faire un four ; pour cela, il faut :

» 1°) de la réclame (France est actuellement au Gau-
lois et au Télégraphe, Bonnières va entrer au Figaro) ;

» 2°) de bons articles ; donc cela me regarde. J'en
ferai à tapage ;

» 3) de la vente. Or, le 15 août, je vais lancer 3.000
prospectus. Je serai sur un catalogue de la maison Vidal*

(une maison de commission), distribué à 20.000 adresses choisies. Je demande des insertions aux journaux... etc. »

Dans le premier numéro (sorti le 5 novembre), il conserve fort heureusement ce mélange d'optimisme et d'humour. Sans être assuré que « *le besoin d'une revue nouvelle se fasse sentir* » (« *peut-être sont-ce les lecteurs qui font défaut aux lectures...* »), c'est *par son indépendance et sans préface* qu'il entend mériter l'estime de ses contemporains. « *Et puis, quel qu'il soit, le sort de cette gazette n'atteindra guère ma confiance.* »

A la rubrique des abonnements, on pouvait lire cet avertissement : « La rédaction ayant eu la grippe, ce numéro a eu du retard. Nous comptons nous astreindre rarement à la date fixée. Nous paraissons tous les mois, vers le 5. »

Les Taches d'encre publièrent, outre des études critiques (sur *Leconte de Lisle, Sully Prudhomme* et *la Folie de Charles Baudelaire,*) des polémiques, des *Chroniques,* une *Gazette du mois,* des *Moralités,* et aussi des nouvelles *(Nouvelle pour les rêveurs ; Deux Misérables ; Héroïsmes superflus).*

Après quatre livraisons (la dernière est du 5 février 1885), la revue a cessé de paraître. Mais son rédacteur est *lancé ;* les meilleures revues de l'époque - *la Revue contemporaine, la Minerve, la Revue de Paris, la Revue indépendante, la France* - lui ouvrent leurs portes. Les journaux de jeunes sont enthousiastes ; des inconnus lui écrivent ; d'autres le provoquent en duel ; Anatole France, Bourget, Catulle Mendès encouragent ses pas. Le ton de ses lettres a changé ; ce sont maintenant des billets fort brefs, d'une désinvolture appuyée :

« *J'ai des besoins d'argent encore. Je mange 1.000 francs par mois.*

» *L'existence m'embête. Je sens bien, pourtant, que tout marche. Je vais à l'absinthe chez Tortoni, avec Mendès [...] Je deviens une manière de petite célébrité [...]*

Avec l'argent, c'est le temps qui me manque le plus. On me demande des articles partout [...] Je promets, mais quand ? »

En novembre 1887, il annonce à Sorg un « *roman qui paraît chez Lemerre sitôt le nouvel an* », et qui s'appellera *Sous l'œil des Barbares*. « *Il y est traité de ceci : que tous les hommes apparaissent des brutes aux âmes sensibles dont je suis.* »

Et Barrès conclut brièvement, d'un peu haut pour le petit juge exilé à Chandernagor : « *Pour moi, donc, il est certain que je fais, vers la notoriété, de francs progrès. Que t'ajouter ? Je n'ai pas de maîtresse, je ne dîne pas en ville. Je n'ai le temps de rien. Mon caractère est aimable. Je sais manier les gens pour peu qu'ils s'y prêtent. Je passe mon temps à rêver de partir.*

» *Je te serre la main.* »

« *D'un jeune homme, on ne peut quasi rien dire, rien savoir ;* il ne vaut que par la force du mouvement indéterminé qui l'anime. *Lui-même, qu'il se garde de trop s'examiner, de s'analyser : il se paralyserait, verrait ses imperfections, s'embarrasserait pour agir et dessècherait* cette énergie qui est son vrai, son seul trésor. *Acceptons d'ignorer. Quand la moisson aura mûri, on pèsera la gerbe, on tirera le blé de la paille.* »

Gardons présentes à l'esprit ces lignes de Barrès - écrites en 1913 [1] pour saluer la « Promotion de l'Espérance », que décrivait l'enquête d'Agathon - avant de juger l'insupportable et brillant jeune homme des années 1880.

Intelligent, certes, il l'est ; et séduisant pour peu qu'il veuille s'en donner la peine ; mais le Barrès de la vingtième année est trop constamment préoccupé de son personnage pour susciter la sympathie ; obsédé par sa carrière, comme s'il avait constamment présente à l'esprit la question ironique de Jean de Tinan : « Penses-tu réussir ? » Comme le

---

[1] Parues dans *Lectures pour tous*, mai 1913.

notait récemment François Mauriac, à propos du *Départ pour la vie :* « A aucun moment de son destin, Barrès ne se laisse mener par les passions qui auront détruit les poètes maudits (qui peut-être aussi, dans un certain ordre, les auront sauvés). Quel démon a jamais possédé Barrès ? Il est terriblement maître de lui-même, non pour le bien d'abord, mais pour sa réussite : le bien viendra à son heure quand il en aura décidé... Tout posséder au plus vite pour avoir le droit enfin de tout mépriser en paix, cela court dans la trame de cette illustre vie commençante [1]. »

[1] *Le Figaro littéraire.*

II

Le culte du moi

> *Notre morale, notre religion,
> notre sentiment des nationalités
> sont choses écroulées, auxquelles
> nous ne pouvons emprunter de
> règles de vie. En attendant que
> nos maîtres nous aient refait des
> certitudes, il convient que nous
> nous en tenions à la seule réalité
> tangible, au Moi [1].*

> *Notre malaise vient de ce
> que nous vivons dans un ordre
> social imposé par les morts, nulle-
> ment choisi par nous. Les morts,
> ils nous empoisonnent [2] !*

> *Une chose demeure, qui seule
> importe, c'est que tu désires en-
> core [3].*

En novembre 1887, quand paraît *Sous l'œil des Barbares,* Barrès a donc vingt-cinq ans. Depuis onze ans -

---

[1] et [2] *Sous l'œil des Barbares.*
[3] *Le Jardin de Bérénice.*

depuis la déroute du Seize Mai - la République appartient
aux républicains, et le régime se développe sous le triple
signe de l'opportunisme, de l'anticléricalisme et d'un patriotisme aiguillonné par la menace allemande. L'opinion
reste nerveuse : l'instabilité ministérielle tend à devenir
chronique ; Boulanger a quitté le ministère de la Guerre
l'année précédente, en pleine affaire Schnaebelé, et son
nom commence à servir de signe de ralliement à ces masses
que la République bourgeoise déçoit et que Bismarck épouvante.

Barrès lui-même n'est pas encore converti au nationalisme. Il est un peu ivre de lui-même, de cet individualisme
romantique « qui est sorti comme un fruit naturel d'une
enfance concentrée et captive [1] ». Il a débuté par la critique. Mais en peignant ses aînés et ses pairs, - d'Anatole
France à Auguste Vacquerie - c'est lui-même qui cherchait à se définir. Maintenant, il va parler en son nom, en
poète de l'action, en lyrique de l'intelligence. « *Comprendre
la direction de l'univers et la vie qui emporte les êtres* [...]
seuls verront loin les passionnés. » « *Il n'y a qu'une loi :
l'amour ; qu'une barrière, faire de la peine à un être* [2]. »
Bientôt, cette pensée instinctive et juvénile trouvera pour
s'exprimer des cadences wagnériennes :
- *Aigues-Mortes, consonance d'une désolation incompa-
rable.*
- *Au soir, une douce tiédeur emplit l'air violet où se
turent enfin des oiseaux.*
- *C'était, sur le Bois de Boulogne, le ciel bas et voilé des
chansons bretonnes.*

Et plus tard, les strophes fameuses :
- *Plainte fiévreuse éclaboussant l'espace comme du sang
sur le sable, silence tragique comme une dalle sur un
tombeau.*

---

[1] Albert Thibaudet, *la Vie de Maurice Barrès.*
[2] *Un homme libre.*

- *De la campagne en toute saison s'élève le chant des morts. Un vent léger le porte et le disperse comme une senteur. Que son appel nous oriente !*

Il a l'air d'un enfant, mais aussi d'un prince. Pour ce jeune homme pâle, « mince et fin, le visage le plus soigné, le plus réussi pour l'insolence et le dégoût » (Marie Lenéru), toute une génération, de Blum à Maurras, va flamber : avec ses cheveux noirs et son teint d'Oriental qui lui donnent l'air du prince de Condé, tel que va le peindre Jacques-Emile Blanche, il « n'est pas beau, mais comme la comtesse Potocka le disait de Napoléon, on ne lui voudrait pas un autre visage ». Sa gloire va être foudroyante. Dès la parution des *Taches d'encre,* Juliette Drouet a dit au vieil Hugo : « Vous devriez inviter à dîner ce nouveau, qui a beaucoup de talent ». Mais Hugo - qu'il a rencontré au Sénat [1] - meurt sans réaliser ce vœu.

Trois ans plus tard, Barrès est à Venise ; attablé place Saint-Marc, il ouvre *les Débats,* tombe sur l'article que Bourget vient de consacrer à ses *Barbares :* tout un feuilleton. Ce n'est plus la notoriété, c'est la célébrité. Encore une année, et paraissent coup sur coup l'*Homme libre* et les *Huit jours chez M. Renan.*

1889 est une année d'élections générales ; Barrès tente sa chance à Nancy, en franc-tireur, qui se soucie peu des partis. Aux ouvriers, il parle du socialisme ; aux jeunes, de la nation ; à tous, de la révision nécessaire. Il y a déjà trois ans qu'il a salué, au nom de sa génération, le soldat « *par qui naissent les grandes espérances* » *:* le général Boulanger. C'est en tant que boulangiste qu'il est élu député de Nancy, sur la liste du citoyen Gabriel, socialiste de nuance blan-

---

[1] « *Jour inoubliable, celui où je causais avec Leconte de Lisle et Anatole France dans la bibliothèque du Sénat et qu'un petit vieillard vigoureux — c'était le Père, c'était l'Empereur, c'était Victor Hugo — nous rejoignit ! Je mourrai sans avoir rien vu qui m'importe davantage. Ah ! si, quelque jour, je pouvais mériter que l'Histoire acceptât ce groupe de quatre âges littéraires.* » (Préface de *Un homme libre.*)

quiste : il a bénéficié de cette « désaffection soudaine pour le
régime parlementaire » qui vient (dit Bergson) de remplacer
les « enthousiasmes républicains » du Seize Mai. Et il va
siéger à l'extrême-gauche, alors que Jaurès, nouvel élu,
s'asseoit (provisoirement) sur les bancs opportunistes. Quel
chemin fait depuis dix ans ! L'élève de philosophie retrouvait à la Chambre son maître Burdeau, les ambitions
de sa jeunesse se trouvaient toutes comblées.

Au Quartier latin, on l'avait d'ailleurs élu « Prince de
la Jeunesse ». Dans l'hôtel de la rue Legendre commençaient
à se presser les admirateurs : des jeunes de tous les bords,
de Léon Blum à Charles Maurras. Il est permis de rêver à
ce qu'aurait pu faire Barrès s'il avait voulu, dès cette
époque, exercer une influence en vue d'une action précise
- c'est-à-dire voir plus loin et plus haut que lui : ces
jeunes gens, dont il était le dieu, le considéraient déjà
comme un maître, attendant de lui moins une œuvre qu'une
éthique susceptible d'inspirer un redressement moral et une
action politique large et généreuse.

Mais Barrès n'était encore qu'un « amateur d'âmes »,
à la recherche de son Moi ; de l'inquiétude, le jeune bourgeois dilettante n'acceptait que le piment qu'elle pouvait
donner à sa rêverie. Il préparait de petits livres légers,
délicatement écrits, pleins d'humour et d'intuition: *Le Jardin
de Bérénice, Trois Stations de psychothérapie, l'Ennemi des
Lois*. Avant de développer en doctrine ce qui n'était à
l'origine qu'un divertissement, un pari de jeune homme,
il allait chercher en Espagne les couleurs qui composeraient
sa palette, à l'enseigne « *du sang, de la volupté et de la
mort* ».

Quel était donc ce « Culte du Moi » auquel Barrès
attachait sa fortune, quel trésor, quelle précieuse gemme
enfermaient ces trois syllabes ?

* * *

A l'origine, une affirmation, celle de la supériorité du

Moi - d'un *Moi-Soleil*, célébré comme « *la loi des choses,
et par qui elles existent dans leurs différences et dans leur
unité* ». « *Ma tâche, puisque mon plaisir m'y engage, est
de me conserver intact. Je m'en tiens à dégager mon moi
des alluvions qu'y rejette sans cesse le fleuve immonde des
barbares* [1]. »

Les « Barbares », ce sont les *autres*, ceux dont l'auteur
de *la Nausée* dira que « tout en demeurant en eux-mêmes
strictement *pour soi*, [ils] indiquent un type de structure
ontologique radicalement différent [2] » - et plus particulièrement les gérontes, les pontifes - les *salauds* de Sartre.
Et le livre était gros d'un « Les morts, qu'ils nous f... la
paix ! » que Barrès, plus tard, considérera avec quelque
surprise :

« *Notre malaise vient de ce que nous vivons dans un
ordre social imposé par les morts, nullement choisi par
nous. Les morts, ils nous empoisonnent !* [3] ».

D'où cette position, qui témoigne d'une aimable anarchie :

« *Que chacun satisfasse son moi, et l'humanité sera
une belle forêt, belle de ce que tout, arbres, plantes et
animaux s'y développeront, s'élanceront selon leur sève* [4]. »

Il est vrai que Barrès expliquait son attitude comme
une position d'attente :

« *Notre morale, notre religion, notre sentiment des
nationalités sont choses écroulées, auxquelles nous ne pouvons emprunter de règles de vie. En attendant que nos
maîtres nous aient refait des certitudes, il convient que
nous nous en tenions à la seule réalité tangible, au Moi.* »

Et la dernière phrase du livre sonnait comme une
prière au Dieu inconnu :

---

[1] *Sous l'œil des Barbares*, p. 164.
[2] *L'Être et le Néant*, p. 276.
[3] et [4] *Les Barbares*, p. 141. Relisant plus tard cette phrase devant Tharaud, Barrès levait les bras au ciel : « *Tout de même, j'en avais de
bonnes !* »

« *Qui que tu sois, ô Maître, axiome, religion ou prince des hommes.* »

Toute sa vie, Barrès allait travailler à se « refaire des certitudes », afin d'accorder en lui les vifs élans de ce Moi juvénile et les appels du sol profond, les voix de la terre et des morts ; le « Culte du Moi », c'est la menue monnaie du *Tête d'or* claudélien, l'ivresse du jeune homme qui refuse de se soumettre à l'ordre stérile de la société, c'est la course au bonheur, un bandeau sur les yeux, la déification du plaisir - la liberté ; tout cela qu'exprime la dédicace d'*Un homme libre* aux collégiens de France, « *victimes d'une discipline abominable* » :

« *Chercher continuellement la paix et le bonheur, avec la conviction qu'on ne les trouvera jamais, c'est toute la solution que je propose. Il faut mettre sa félicité dans les expériences qu'on institue et non dans les résultats qu'elles semblent promettre. Amusons-nous aux moyens sans souci du but.* »

Sous le dandysme d'*Un Homme libre* et ses impertinences affectées, c'est un hymne à la ferveur qu'y chante, bien avant qu'ait paru le Ménalque de Gide, le jeune Barrès :

« *Proscrivons le péché, le péché qui est la tiédeur, le gris, le manque de fièvre, le péché, c'est-à-dire tout ce qui contrarie l'amour...*

» *Nulle fièvre ne me demeurera inconnue, et nulle ne me fixera...*

» *Connaître l'esprit de l'univers ; entasser l'émotion de tant de sciences, être secoué par ce qu'il y a d'immortel dans les choses* [1]. »

Barrès ne se fixe pas seulement un but : il nous propose une *méthode*, entrevue dans *Sous l'œil des Barbares*, systématiquement exposée et développée dans l'*Homme*

---

[1] *Un homme libre*, pp. 39-41.

libre[1]. Il s'agit d'abord de trouver son Moi, puis de le soustraire aux influences des « Barbares », et enfin de l'enrichir, grâce à une discipline appropriée qui conjuge sensation et réflexion - en un mot, d' « enchaîner une analyse à une extase[2] » : ce que tentera, trente ans plus tard, le Valéry de *la Jeune Parque*.

Reprenons, une par une, ces différentes étapes. D'abord, se trouver ; et, pour se trouver, séparer du Moi toutes les impuretés, toutes les influences qui l'ont altéré.

Le jeune Barrès appartient à cette nouvelle génération - celle de Bergson - chez qui « *les torrents de la métaphysique allemande ont brisé les compartiments latins* [3] » ; il a aimé « *les doctrines audacieuses qui sont mieux exposées que réfutées par la lignée classique qui va du charmant Jouffroy à M. Caro* [4] ». « Ces maîtres enchanteurs lui ont dit que le monde est un jeu d'apparences et que la seule réalité est le moi[5]. » A l'école de Fichte et de Schopenhauer, Barrès s'est libéré de ces apparences pour retrouver son moi. « *Quelque filet d'idées que je veuille remonter, fatalement je reviens à moi-même, c'est-à-dire à la source.* [...] *La réalité varie avec chacun de nous, puisqu'elle est*

---

1 Il est vrai qu' « *Un homme libre* est une œuvre que l'on prendrait davantage au sérieux si Barrès lui avait donné ce ton de mélopée initiatique qu'auront plus tard *les Nourritures terrestres*. Mais il y paraît s'amuser jusqu'au bout : le snobisme, le langage, la plaisanterie froide agacent exprès le lecteur. Pourtant, ce qu'on a pu trouver de neuf et d'inquiétant dans *les Nourritures* était déjà contenu dans *Un homme libre*, dont le projet est bien plus vaste et plus osé : il ne s'agit pas d'aiguiser une ferveur préparatoire au voyage, et d'allumer ses sens à tous les plaisirs de rencontre, mais au contraire de faire retraite pour se recomposer un *moi* plus riche et plus cohérent ; car avoir du goût pour toutes les jouissances n'est qu'un passage vers une éthique supérieure que Gide a toujours esquivée. » (J.-M. Domenach, *Barrès par lui-même*, le Seuil.)

2 G. Henri Gouhier, *Notre ami Maurice Barrès*, Ed. Montaigne.

3 *Trois stations de psychothérapie*, p. 142.

4 *Sous l'œil des Barbares*, p. 65.

5 H. Gouhier, *op. cit.*

*l'ensemble de nos habitudes de voir, de sentir et de raison-
ner* [1]. »

Le Moi, par son dynamisme propre, doit saisir le
mouvement de l'univers et s'unir intuitivement à lui ; ainsi
se trouvera finalement résolue la contradiction du sujet
et de l'objet ; en se retrouvant, le Moi se recrée et découvre
de nouvelles possibilités d'action :

« *Cet univers volontaire n'est que son âme déroulée
à l'infini* [...].

» *O bonheur ! ô ivresse ! je crée quoi ? peu importe :
tout.* » Et même s'il était vrai que « *toutes choses eussent
perdu leur réalité pour ta clairvoyance, garde-toi de renoncer
ou d'instituer en ton rêve le mal et la laideur, mais daigne
désirer pour qu'elles naissent les choses belles et les choses
bonnes* [2]. »

L'essentiel, pour un jeune homme, c'est qu'il apprenne
à se connaître. « *Au sortir de cette étude obstinée de son
Moi, à laquelle il ne retournera pas plus qu'on ne retourne
à sa vingtième année, je lui vois une admirable force de
sentir, plus d'énergie, de la jeunesse enfin et moins de
puissance de souffrir. Incomparables bénéfices ! Il les doit
à la science du mécanisme de son Moi qui lui permet de
varier à sa volonté le jeu, assez restreint d'ailleurs, qui
compose la vie d'un Occidental sensible.*

» *J'entends que l'on va me parler de solidarité. Le
premier point c'était d'exister. Que si maintenant vous vous
sentez libres des Barbares et véritablement possesseurs de
votre âme, regardez l'humanité et cherchez une voie commune où vous harmoniser.*

» *Prenez d'ailleurs le Moi pour un terrain d'attente
sur lequel vous devez vous tenir jusqu'à ce qu'une personne
énergique vous ait reconstruit une religion. Sur ce terrain
à bâtir nous camperons* [3]. »

La méthode barrésienne de reconstruction et d'enrichissement du Moi fait appel à l'exemple d'intercesseurs bien

[1], [2] et [3] *Sous l'œil des Barbares.*

différents : Ignace de Loyola et Tiepolo, mais surtout
Benjamin Constant et Sainte-Beuve ; la Lorraine mais aussi
Venise. « *Les ordres religieux ont créé une hygiène de
l'âme qui se propose d'aimer parfaitement Dieu : une hygiène analogue nous avancera dans l'adoration du Moi* [...]
c'est ici un laboratoire de l'enthousiasme... [1] »

A Jersey, le héros d'*Un homme libre* formule les règles
de son éthique :

« Premier Principe : *Nous ne sommes jamais si heureux que dans l'exaltation.*

» Deuxième Principe : *Ce qui augmente beaucoup le
plaisir de l'exaltation, c'est de l'analyser.*

» *La plus faible sensation atteint à nous fournir une
joie considérable, si nous en exposons le détail à quelqu'un
qui nous comprend à demi-mot. Et les émotions humiliantes
elles-mêmes, ainsi transformées en matière de pensée ; peuvent devenir voluptueuses.*

» Conséquence : *Il faut sentir le plus possible en analysant le plus possible* [2]. »

Mais il ne s'agit là que de vérités provisoires. Ce qui
compte vraiment est moins superficiel et moins simple.
Comment vivre sans se construire un univers permanent ?
Où « *est-il, parmi le troupeau de contradictions qui l'entourent, le mot qui fera sa vie une* [3] ? »

Dans cette perspective, la désinvolture et l'ironie [4]

---

[1] et [2] *Un homme libre.*
[3] *Sous l'œil des Barbares.*
[4] De cette ironie relève la définition barrésienne des « péchés » de
l'homme libre, qui s'accuse d'avoir péché :
« *Par pensée (les péchés par pensée sont les plus graves, car la pensée
est l'homme même) ; c'est ainsi que je m'abaisse jusqu'à avoir des
préjugés sur les situations sociales.*
» *Par parole (les péchés par parole sont dangereux, car par ses
paroles on arrive à s'influencer soi-même) ; c'est ainsi que j'ai dit, pour
ne point paraître différent, mille phrases médiocres qui m'ont fait l'âme
plus médiocre.*
» *Par œuvre (les péchés par œuvre, c'est-à-dire les actions, n'ont pas*

jouent le rôle d'un masque. Le besoin lancinant d'une
vérité possède ce jeune homme qui se donne le luxe de
jongler avec les idées, mais ne peut s'empêcher de contempler « *plus loin que tout désir, le temple de la Sagesse
éternelle vers qui les plus nobles s'exaltent* ».

« *Ah ! près des maîtres qui concentrent la sagesse des
derniers soirs, que ne puis-je apprendre la certitude* [1] ! »

Donc, puisque les derniers maîtres (Taine et Renan)
se taisent, il faut parier sur le Moi, mais, à partir de lui,
reconstruire le monde. D'où l'architecture d'*Un homme
libre*, qui tient du plan de bataille et de la méditation
religieuse : le héros a d'abord pris conscience de lui-même,
il s'est mis « en état de grâce », avant d'aborder les grandes
étapes de « l'Eglise militante » et de « l'Eglise triomphan-
te ». Dans ce cheminement, une station décisive : le retour
en Lorraine. C'est la Lorraine qui découvre à Philippe son
histoire, et qui l'éclaire sur les parties obscures de sa conscience. Car, lui dit-elle, « tu es la conscience de notre
race . *C'est peut-être en ton âme que, moi, Lorraine, je me
serai connue le plus complètement. Jusqu'à toi, je traversais
des formes que je créais, pour ainsi dire, les yeux fermés ;
j'ignorais la raison selon laquelle je me mourais ; je ne
voyais pas mon mécanisme. La loi que j'étais en train de
créer, je la déroulais sans rien connaître de cet univers dont
je complétais l'harmonie. Mais à ce point de mon développement que tu représentes, je possède une conscience assez
complète ; j'entrevois quels possibles luttent en moi pour
parvenir à l'existence* [2]. »

Avant d'entrer dans la vie, Philippe fait une autre
station, toute différente, à Venise : en Lorraine, il a cherché

---

*grande importance, si la pensée proteste) ; toutefois il y a des cas :
ainsi le tort que je me fis en me refusant un fauteuil à oreillettes où
j'aurais médité plus noblement. [etc.]* » (Un homme libre).
[1] *Sous l'œil des Barbares.*
[2] *Un homme libre.*

« *la loi de son développement* ». Dans ce miroir austère, il a contemplé l'esprit de sa race, mais aussi, reconnu ses limites. A Venise, il va s'épanouir, « *triompher dans la Beauté* ». A « l'agonie » de la Lorraine, succède une résurrection dans le faste et la séduction ; à l'austère loi de la « *Colline inspirée* », une autre loi : celle de Venise, de ses places ensoleillées, de ses peintres et de ses plaisirs.

* * *

Barrès pourra dire plus tard, contemplant la courbe qu'il a subie : « *D'autres se décomposent par l'analyse ; c'est par elle que je me recompose et que j'atteins ma vérité* [1] » ; entre-temps, il aura justifié la prédiction de Paul Bourget : « Un jour, il prononcera la phrase admirable de notre maître Michelet : *je ne peux me passer de Dieu.* Tous les dons si rares de sa noble nature seront alors éclairés et harmonisés. » Les dernières phrases des *Barbares* laissaient déjà entrevoir cette transformation :

« *Mon âme, étant remontée dans sa tour d'ivoire qu'assiègent les Barbares, se transformera. Pour se tourner vers quel avenir ? Tout ce récit n'est que l'instant où le problème de l'avenir se présente à moi avec une grande clarté... Toi seul, ô mon maître, je te supplie que par une suprême tutelle tu me choisisses le sentier où s'accomplira ma destinée.* »

Comme l'écrit Thibaudet, le jeune Barrès « s'est confié aux puissances, au courant de l'individualisme juvénile, avec la conscience que cet individualisme n'aurait qu'un temps, et le mènerait sûrement quelque part [2] » :

« *Chère vie moderne, si mal à l'aise dans les formules et les préjugés hériditaires*, écrivait-il sur un autre ton, *vivons-la avec ardeur, et que diable ! elle finira bien par dégager d'elle-même une morale et des devoirs nouveaux* [3] ».

[1] *Scènes et doctrines du nationalisme*, p. 12.
[2] *La Vie de Maurice Barrès*, op. cit., p. 92.
[3] *Trois Stations de psychothérapie*, p. 91.

Alors, « le Culte du Moi » prend sa vraie place dans l'œuvre et dans la vie de Barrès : c'est le moment où la chenille devient chrysalide. Le jeune homme ardent n'est pas mort. Pas encore ! Il veut que « *chaque matin la vie* » lui « *apparaisse neuve* », et que toutes choses lui « *soient un début* [1] » : il parle des femmes [2] avec le gentil cynisme des hommes qui n'ont pas encore aimé ; mais en même temps, il s'efforce de dégager, sous ce Moi superficiel et bavard, son Moi profond. Ce faisant, Barrès refuse de reconnaître *l'homo rationalis,* de se plier aux lois de la logique tainienne, aux cadres d'une pensée abstraite. « Où l'amour a passé, l'intelligence n'a que faire », repète-t-il avec Plotin.

Barrès veut, pour construire son Moi, mener une vie en partie double qui lui permette à la fois d'analyser et de jouir, de sentir et de posséder, de s'accorder aux puissances de la terre pour les utiliser au mieux de ses intérêts et de ses instincts.

Voilà pourquoi se côtoient dans la trilogie du Moi des sensations et une volonté, une profusion d'images et une sorte de catéchisme moral qui forment « la monographie des cinq ou six années d'apprentissage d'un jeune Français intellectuel ». Dès ses vingt ans, Barrès avait proclamé son ambition : « *Toute grande poésie,* disait-il, *est un enseignement, et je veux que l'on me considère comme un maître ou rien.* » Mais pour que l'enseignement soit valable, il faut d'abord que la poésie soit belle, qu'elle ait éveillé notre génie secret. Foin du « bonhomme système » monté « sur la bourique pessimisme » ! Au contraire,

---

[1] *Un homme libre,* p. 237.
[2] « *Puisqu'il n'est pas dans notre programme de nous édifier une grande passion, ne voyons dans la femme rien de troublant ni de mystérieux ; dépouillons-la de tout ce lyrisme que nous jetons comme de longs voiles sur nos troubles : qu'elle soit pour nous vraiment nature. Cette combinaison nous laissera tout le calme de la chasteté.* » (*Un homme libre,* p. 32.)

« à force de s'étendre, le Moi va se fondre dans l'inconscient. Non pas pour y disparaître, mais pour s'agrandir
des forces inépuisables de l'humanité, de la vie universelle [1] ». Telle fut la splendide promesse que Barrès se fit à
lui-même, promesse qui, il faut bien le dire, n'a été qu'im-
parfaitement tenue.

* * *

« Cette harmonie, cette sécurité, cette révélation », que
cherchait obstinément Barrès, il prétend nous l'offrir dans
le Jardin de Bérénice (1891). Une postérité flatteuse, de
Proust à Giraudoux, verra dans ce livre, délicatement écrit,
mais de peu de poids, un de ses chefs-d'œuvre. « C'est
nous qui créons l'univers », affirme chaque page ; mais
cette « création » reste artificielle. « Bérénice est-elle une
petite fille, ou l'âme populaire, ou l'inconscient ? », se demande l'auteur, et c'est vraiment prêter beaucoup à « cette
ombre élégante et très raisonneuse » que Philippe appelle
plus simplement « l'Objet », c'est-à-dire « la part sentimentale qu'il y a dans un jeune homme de ce temps ». Bérénice
est moins une réalité vivante qu'un symbole, une abstraction
toute négative, sur laquelle viennent se poser, comme le
voile de dentelle d'une fée, les rêveries que peuvent inspirer
au héros les marais d'Aigues-Morte en un moment de spleen.
Il faut encore rattacher à cette période le livret de
l'Ennemi des Lois (paru en 1893), qui apparaît comme le
testament du « Culte du Moi ». Habile à humer les idées
du moment, Barrès y met en scène (la vogue de Tolstoï
commence, avec celle du roman russe, introduit en France
par Melchior de Vogüé) une princesse russe, Marina, et un
idéologue anarchiste, André Maltère (nous sommes au
moment des attentats anarchistes et des « lois scélérates »)
qui discutent des théories de Saint-Simon et de Fourier
sous l'œil compatissant du chien Velu, qui sera sacré à la

_____
[1] Sous l'œil des Barbares, p. 28.

fin de l'histoire « Confesseur et Martyr ». A Marina, qui
symbolise à la fois « l'éternel féminin » et l'exotisme, s'oppose «l'intellectuelle», Claire Pichon-Picard. Naturellement,
l'inclination de Barrès le porte vers Marina, comme elle
le portera vers Astiné ou vers Oriante, car Marina vient
« *du côté du monde où tout est puissance de détruire ; en
pressant dans mes bras cette étrangère, je sens que je vole
ma race, je participe à la grande confusion où se plaît la
nature* [1] ».

* * *

Ce sont des livres vifs et jeunes que les *Barbares* et
l'*Homme libre* - un peu secs en dépit des bouffées alter-
nées de dilettantisme et de passion mais remplis des qualités et des défauts de la jeunesse : l'enthousiasme et l'insolence, la ferveur et l'ironie, s'y donnent tour à tour libre
cours. Les avenues sont déjà tracées : s'il ne sait pas très
bien où il va, Barrès sait du moins d'où il vient ; en lui,
la soif n'est pas apaisée, cette soif gidienne que jamais il
n'étanchera.

Surtout, ces premiers livres révèlent un vrai tempérament d'écrivain qu'attestent quelques portraits ramassés.

Benjamin Constant : « *Tu te dévorais d'amour et d'ambition ; mais ni la femme ni le pouvoir n'avaient de place
dans ton âme.* »

Sainte-Beuve : intelligence « *frissonnante et minu-
tieuse* » dont le « *mysticisme fait des inquiétudes d'une jeunesse sans amour et de son impatience ambitieuse* », aurait
été peu à peu recouvert par « *la fatigue d'un voluptueux
las. La sécheresse t'envahit parce que tu étais trop intelligent.* »

« *Ma pensée était encore*, constatera plus tard Barrès,
*une chose vivante... En 1890, au lendemain de l'*Homme
libre, *je sentais mon abondance, je ne me possédais pas*

---

[1] *L'Ennemi des lois*, p. 139.

comme un être intelligible et cerné [1]. » Barrès avait « *poussé
jusqu'à un goût passionné le sentiment de l'énergie humaine* » qu'il admirait dans la Chapelle des Médicis ou
dans la Sixtine ; de l'effort de l'artiste pour se recréer lui-
même, « *jusqu'à substituer à la réalité conventionnelle, sa
propre conception du monde, en un mot recréer l'univers* [1] », il avait tiré une « méthode » qui rejoignait curieusement celle d'Ignace de Loyola. C'est plus tard seulement qu'il découvrira « *qu'on ne donne à un homme que
ce qu'il possède déjà* », que « *l'amour et la douleur, les
plus beaux livres et les plus beaux paysages, toutes les
magnifiques secousses de la vie, ne font qu'éveiller nos
parties les plus profondes, nos territoires encore mornes* [2] ».

Plus tard, en effet, il cessera de penser que c'est « *un
bon système de vie que de n'avoir pas de domicile, d'habiter
n'importe où dans le monde* », il cessera de vouloir que
« *chaque matin* » la vie lui « *apparaisse neuve, et que toutes
choses [lui] soient un début* [3] ». Mais déjà, son « *être
l'enchante* », quand il l'entrevoit « *échelonné sur des
siècles* ». S'il s'accorde un instant de repos à Venise, la cité
morte, le voici déjà qui suit dans quel ordre ses ancêtres
ont bâti leur pays, qui s'apprête à retrouver l'ordre dans
lequel furent posées ses propres assises. En attendant, « *dans
cet horizon piétiné* », à la recherche de « *quelque sentier
où fleurit une ferveur nouvelle* [4] », il ne doute pas de son
pouvoir de résurrection. Son âme est « *le passage où se
pressent les images et les idées* ». Mais « *sous ce défilé
solennel, il frissonne d'une petite fièvre, d'un tremblement
de hâte : vivra-t-il assez pour sentir, penser, essayer tout ce
qui s'émeut dans les peuples, le long des siècles* [5] ? »

---

[1] *Du Sang, de la Volupté, de la Mort*, p. 268.
[2] *Les Amitiés françaises*, p. 4.
[3] *Un homme libre*, p. 224.
[4] *Sous l'œil des Barbares*, p. 100.
[5] *Ibidem*, p. 160.

III

Entre le Tibre et l'Oronte

> *Il est une satisfaction déchi-*
> *rante à regarder ses plaies et à les*
> *mépriser. L'esprit souffle où il*
> *veut, nul ne sait d'où il vient,*
> *où il va [1].*

> *Infini du désir, horizon sans*
> *limites, espaces qu'il faut à mon*
> *cœur insatisfait et dispersé [2]...*

> *Une chose demeure, qui seu-*
> *le importe, c'est que tu désires*
> *encore [3].*

« *Réfléchissant parfois à ce que j'avais le plus aimé*
au monde, j'ai pensé que ce n'était pas même un homme...,
pas même une femme..., mais Venise. C'est à Venise que
j'ai décidé toute ma vie. »

[1] *Hommage à Leconte de Lisle.*
[2] *Mes Cahiers*, t. IX, p. 280.
[3] *Le Jardin de Bérénice*, p. 119.

Chère lectrice, cher lecteur,

Si ce livre vous a plu, retournez-nous, complétée au verso et ci-dessous, la présente carte (affranchir tarif carte postale), pour nous permettre de vous envoyer notre catalogue général et de vous renseigner régulièrement sur nos nouveautés.

Les livres édités par nos soins sont en vente dans toutes les bonnes libraires.

Bien sincèrement
EDITIONS UNIVERSITAIRES

Je m'intéresse particulièrement aux questions suivantes : (1)

- **LE FOYER**
  1. Problèmes familiaux
  2. Livres pour enfants
  3. Livres pour adolescents.

- **QUESTIONS RELIGIEUSES**

- **LA CITE**
  1. Economie
  2. Sociologie
  3. Droit
  4. Questions internationales et coloniales

- **IMAGES ET SONS**
  1. Livres d'art
  2. Disques
  3. Cinéma

- **LES LETTRES**
  1. Philosophie
  2. Littérature
  3. Histoire

- **VOYAGES ET AVENTURES VECUES**

(*) Biffer les mentions inutiles

CARTE POSTALE

Veuillez m'adresser gratuitement vos prospectus ainsi que votre catalogue général.

Nom : ....

Profession : ....

Adresse : ....

....

....

....

....

EDITIONS UNIVERSITAIRES

72, Boulevard St-Germain

PARIS V'

C'est la dernière confidence que nous livre Barrès dans
son examen des trois idéologies qui composent le « Culte
du Moi » ; et cet aveu a son prix : Barrès n'a pas fini
d'hésiter entre l'ordre et l'anarchie, entre l'exaltation du
Moi et des « idéologies » passionnées - entre le Tibre
et l'Oronte. A cette hésitation nous devons la part la plus
romantique, la plus frémissante, la plus « artiste » de son
œuvre [1].

Barrès avait vingt et un ans lorsqu'il fit son premier
voyage en Italie ; onze années plus tard, ce fut l'Espagne ;
huit ans encore avant le classique séjour en Grèce ; sept ans
après, la découverte de l'Egypte. Brèves excursions de bourgeois cultivé qui paraissent insuffisantes pour asseoir l'autorité d'un grand voyageur. Barrès n'était pas sorti d'Europe
qu'André Siegfried avait déjà fait le tour du monde. Du
moins avait-il su tirer de son album d'images, un stock
de sensations et d'idées, une musique dont il nourrirait ses
périodes de calme.

Il n'aimait que les voyages utiles, assimilés - ceux
dont il pouvait tirer un livre. Marie Bashkirtseff, « cette
cosmopolite qui n'a ni son ciel, ni sa terre, ni sa société »,
qu'il avait baptisée « Notre-Dame du Sleeping-Car », qu'il
aimait pour son orgueil et pour son amour du beau (il
devait retrouver cette fierté chez Anna de Noailles), lui
faisait un peu peur. Il n'aimait, il ne comprenait vraiment
que la Méditerranée, et cela encore est bien d'une époque
où l'on confondait civilisation et romanité ; jamais il n'eut
l'idée d'aller se promener du côté du Nord : il fallut la
Grande Guerre pour l'obliger à passer quelques jours en
Angleterre ! Pour lui, le type même du voyageur, et du
voyage bien fait, c'était Gœthe en Italie. Pourtant, ce qui
l'attirait avant tout, c'était l'Orient, c'était l'Oronte !

---

[1] Nous grouperons dans ce chapitre les quatre livres qui appartiennent
au même sillon : *Du Sang, de la Volupté et de la Mort* (1894), *Amori
et dolori sacrum* (1903), *le Voyage de Sparte* (1906), *Greco ou le
Secret de Tolède* (1911).

Il n'en connut d'abord que des succédanés ; il vit ainsi Venise, goûtée comme un faubourg de Constantinople, avec ses coupoles et ses icônes - la capitale d'une Adriatique plus qu'à demi byzantine. Puis ce fut l'Espagne, ses déserts, ses jeux du cirque, son climat de violence et de mort. Etroites grilles des basses maisons blanches perchées sur les pitons de la Vieille Castille, chemins montueux, ânes surchargés, folie d'espace et de lumière ; mosquées délabrées, précieux patios, miraculeux jardins d'Andalousie, oui c'est déjà l'Afrique et c'est presque l'Orient. Cette qualité d'émotion qui vous étreint devant l'âpre Escurial ou le paysage blessé de Tolède, c'est elle qui fait le prix de « *Du Sang, de la Volupté, de la Mort* » (1894) [1], ce recueil d' « idéologies passionnées ». Aujourd'hui ces pages ont veilli, cette description romantique et voluptueuse de l'Espagne, glorifiée comme « *la plus violente vie nerveuse qu'il ait été donné à l'homme de vivre* » a vieilli. Mais on voit paraître, dans cet âpre pays surchauffé, une Tolède secrète et inflexible « *une image de l'exaltation dans la solitude, un cri dans le désert*[...] *une vue sublime enfin et qui impose la mort* [2]. »

---

[1] Précédé d'une somptueuse dédicace à la mémoire d'un ami, mort à vingt-six ans, le poète Jules Tellier.

[2] *Du Sang, de la Volupté, de la Mort*, pp. 32-33.

« *Le paysage de Tolède et la rive du Tage sont parmi les choses les plus tristes du monde* [...] *Tolède sur sa côte, et tenant à ses pieds le demi-cercle jaunâtre du Tage, a la couleur, la rudesse, la fière misère de la sierra où elle campe et dont les fortes articulations donnent, dès l'abord, une impression d'énergie et de passion. C'est moins une ville, chose bruissante et pliée sur les commodités de la vie, qu'un lieu significatif pour l'âme. Sous une lumière crue qui donne à chaque arête de ses ruines une vigueur, une netteté par quoi se sentent affermis les caractères les plus mous, elle est en même temps mystérieuse, avec sa cathédrale tendue vers le ciel, ses alcazars et ses palais qui ne prennent vue que sur leurs invisibles patios. Ame secrète et inflexible, dans cet âpre pays surchauffé, Tolède apparaît comme une image de l'exaltation dans la solitude, un cri dans le désert* [...] *Apreté de Castille où passe un long soupir d'Andalousie ! Sur cette ville à la fois maure et catholique, les parfums qui montent de la sierra se marient à l'odeur des cierges échappée des églises.* »

Cette poésie un peu creuse, ce style lâche où ronflent les mots, ce mélange, somme toute assez trouble, de lyrisme et de sensualité, tout cela sent un peu la fin d'un siècle, le soupir distingué d'un « amateur d'âmes ». Ces nouvelles polies et repolies font la transition entre l' « artiste » phrase des Goncourt et l'ingénieuse subtilité du symbolisme ; mais l'hispanisme de Barrès annonce celui de Montherlant, inspiré par un même amour du *cante jondo*, du chant profond. *Les deux femmes du bourgeois de Bruges, Un amour de Thulé* ont cessé de nous émouvoir, et Delrio nous fait penser à des Esseintes ; mais que Barrès nous parle de la haine, alors le ton change, un frisson nous saisit, parce qu' *« une vraie haine emporte tout ; c'est dans l'âme une reine absolue. Mais entre toutes les haines, la plus intense, la plus belle, s'exhale des guerres civiles* [1]. » Aux plus troubles heures de la vie parlementaire, Barrès retrouvera cette âpre musique, dont il jouira sans pudeur, ni remords. En face de Dreyfus, il se sentira, non sans un peu de joie sadique, l'âme d'un Romain au cirque.

On lit encore avec plaisir, sinon toutes les pages sur l'Espagne, du moins les descriptions de l'Italie, des jardins de Lombardie, des « beaux contrastes » de Sienne, de Pise ou de Ravenne. A la Rome des Farnèse, aux chefs-d'œuvre consacrés par l'académisme, Barrès oppose une Italie plus profonde, plus baroque aussi, qu'il découvre à travers l'automne à Parme, les musées de Toscane ou les remparts de Lucques. De page en page, on y retrouve le trait fulgurant, la passion contenue, la mélancolie de Chateaubriand. André Suarès ressuscitera cette ferveur dans le *Voyage du Condottiere*.

Un rameau majeur de l'œuvre de Barrès épanouira ces jeunes élans : *La Mort de Venise* (1902), prolongement des chapitres d'*Un homme libre*, et les pages somptueuses

---

[1] *Du Sang, de la Volupté, de la Mort*, p. 110.

d'*Amori et dolori sacrum* [1], tandis que ses promenades lorraines lui inspireront les beaux paysages de l'*Appel au soldat*.

Puis, vint le voyage en Grèce : Barrès ne le fit pas sans ennui. Athènes n'éveillait rien en lui ; analysant son désarroi, il se refusait à reconnaître dans la sereine beauté de l'Attique un horizon qui s'accordât à son âme. Pour lui, Pallas Athênê n'était pas l'incarnation de cette raison universelle qui avait dicté à Renan sa *Prière sur l'Acropole*, mais une simple « *raison municipale* ». Il ne pouvait admirer l'esprit grec, ce passage du local à l'universel par lequel s'est exprimé l'esprit humain ; à l'Athêna de Phidias, il ne prêtait qu' « *un sourire électoral* », se refusant d'admettre « *la fiction d'une sorte de nationalité héllénique où l'on s'introduit par une culture classique* ». Bref, concluait-il sans hésiter et même sans sourire : « *Le sang des vallées rhénanes ne me permet pas de participer à la vie profonde des œuvres qui m'entourent* [2] ». Belle fin de non-recevoir pour couvrir une désillusion !

Mycènes l'ennuya ; son invincible égotisme le paralysait ; et puis les archéologues avaient démoli sa tour

[1] C'est dans ce livre qu'il éclaire l' « incendie » de Venise, des souvenirs prestigieux de Gœthe, de Chateaubriand et de Byron, de George Sand et de Musset, de Gautier et de Léopold Robert, de Wagner et de Taine, réunis par lui en un suprême « Conseil des Dix », où il s'attribue d'autorité le dixième siège. C'est aussi là qu'il évoque le « ballet du désir et de la mort », conduit par quatre danseuses de Bénarès :

« *Ces quatre bayadères qui tournoient dans les parfums d'une chambre close par une nuit accablée d'Orient, ces beautés fières et tristes qui me rassasient des rêves de la mort et dont je n'ai jamais satiété, sont-ce des fantômes, une chimère de mon cœur, une pure idée métaphysique ? Je sais leurs noms. L'une murmure :* « *Tout désirer* » *; l'autre réplique :* « *Tout mépriser* » *; une troisième renverse la tête et, belle comme un pur sanglot, me dit :* « *Je fus offensée* » *; mais la dernière signifie :* « *Vieillir* ». *Ces quatre idées aux mille facettes, ces danseuses dont nous mourons, en se mêlant, allument tous leurs feux, et ceux-ci, comment me lasser de les accueillir, de m'y brûler, de les réfléchir ? »*
[2] *Le Voyage de Sparte*, p. 64.

franque ! « *M. Schliemann s'est bien amusé,* protestait-il.
Mais moi ? » Mais il fit la découverte de Sparte. « *Voilà
donc,* s'écria-t-il, *ce qui fut un laboratoire de puissance et
de gloire !* » A la civilisation du bonheur que lui offrait
Athènes, il opposait la race des maîtres, élevée dans le
sacrifice, pour la conquête et pour la gloire.

Avant d'aborder cet Orient dont il rêvait, il revint
encore à cette patrie charnelle qu'était pour lui l'Espagne,
et ce fut le *Secret de Tolède* qu'il crut découvrir dans
l'œuvre du Greco (1912). Un grand livre cette fois et
qui, dans son exagération même, porte loin. On avait mis
si longtemps à découvrir le génie de ce Grec, curieusement accordé à l'Espagne profonde, plus proche d'elle que
le magnifique Velasquez, le peintre comblé de ses rois.
Dans cette peinture ardente, grouillante de chairs et de
muscles, Barrès retrouvait la ferveur du Moyen Age, un
mysticisme passionné auprès duquel pâlissent les fades
compositions d'un Murillo, un sentiment moderne de la vie
que nous retrouvons dans les toiles de Rouault.

D'instinct, Barrès aima la dernière période du Greco,
méconnue par la critique officielle, amorçant ainsi l'hommage que Malraux développera trente-cinq ans plus tard
dans sa *Psychologie de l'Art.*

Barrès cherchait dans les voyages une méthode pour
agrandir son Moi ; mais il éprouvait quelque peine à
s'éloigner d'une Lorraine devenue l'Arche sainte de sa
vie ; le bout du monde, pour lui, c'était Lisbonne, « la
pointe extrême de l'Europe ».

De cette impuissance à changer de sol et de climat,
à se quitter, il parle avec l'amertume d'un Chateaubriand :

« *Nous avions drainé à travers l'Europe toutes les
façons de sentir, et nous les voyions qui se jouaient autour
de nous dans cette grandiose solitude.*

» *Nul moyen d'augmenter ce troupeau, de le mener
plus loin. Rien en face de nous que l'Océan illimité. Nous
entendions des cris au large. C'était, dans le brouillard du*

*soir, le signal des bateaux qui doublent le cap et partent
là-bas. Mais là-bas n'a plus de terres inconnues.*

*» Il n'y a plus de solitude ; il n'est plus de vie que
nous puissions inventer de toutes pièces. Toutes les biographies sont prévues, classées, étiquetées...* [1]. *»*

Ce sentiment du « tout est dit » qui marqua la fin
du siècle, s'accompagnait du désir de mener une vie double,
d'associer les contraires ; mais Barrès à l'inverse de Gide,
se refusait au déracinement ; car « *les tentes posées par des
nomades, chaque soir, dans un pays nouveau, n'ont pas la
solidité des antiques maisons héréditaires* [2] ». Si l'Europe
collait à ses semelles, l'Orient pourtant le fascinait ; il
espérait y découvrir son Moi profond, et retrouver au désert,
comme hier Gobineau dans les jardins d'Ispahan, cette
solitude qui « seule, ne l'avait point avili ».

En 1907, il découvrit l'Egypte :

« *Quel est exactement le plaisir que je viens demander
à la vieille Egypte ? Qu'elle défriche en moi des parties
fécondes. Qu'elle éveille, cultive et fasse lever et fleurir
certains de mes sentiments profonds qu'aucune expérience
encore n'avait su richement émouvoir* [3]. *»*

---

[1] *Du Sang, de la Volupté, de la Mort,* p. 182.
[2] *Du Sang, de la Volupté, de la Mort,* p. 183.
[3] *Mes Cahiers,* t. VI, pp. 153-154. Mais c'est toute la page qu'il faudrait citer, pour la pureté de son style :

« *Les mille lueurs de Messine que nous longeons ce soir m'obligent
avec tous mes compagnons à me pencher sur les deux bastingages et
mon rêve, comme un rêve de jeune homme, par-dessus la mer frémissante, aux deux bords parfumés d'Italie et de Sicile, croit effleurer le
bonheur, mais nous glissons, nous rentrons dans la nuit immense et
morte [...]*

» *Nous approchons d'Alexandrie qu'enveloppe déjà toute la douceur
égyptienne. Ce sont de grandes lignes pâles avec des colorations d'une
extrême finesse, une terre qui n'est pas encore formée, une terre amphi-
bie qui porte au niveau de la mer une Venise rasée dans une mer verte.
Et tandis que le jour finit dans une prodigieuse tristesse, la barque classique de Delacroix, la barque levantine nous amène un pilote entur-
banné. »*

Je n'y vais point chercher, assurait-il, des couleurs et des images, mais un enrichissement de l'âme. C'est en 1914 qu'il fera son premier grand voyage en Orient, d'Alexandrie à Constantinople. Il y retournera au lendemain de la guerre (1923) et il en rapportera l'*Enquête au pays du Levant*, un plaidoyer pour les Congrégations missionnaires, et ce testament de volupté inquiète qu'est *le Jardin sur l'Oronte* ; d'aucuns s'indignèrent de cette cantilène romantique et païenne, alors qu'on le croyait, sinon « converti » au catholicisme, du moins rallié définitivement à l'ordre dorique de la Nation. Mais avant d'aborder la « querelle de l'Oronte [1] », il faut rappeler comment Barrès était passé, entretemps, du Culte du Moi individuel à celui du Moi national.

---

[1] Cf. les *Jugements* (tome I) d'Henri Massis.

IV

Au service de l'instinct national

« AVEC *Amori et dolori sacrum* et *les Amitiés françaises,* on entre nettement dans le second Barrès,... et je ne peux plus le suivre dans sa nouvelle direction. Il serait pourtant puéril de l'accuser de contradiction... Il ne se rendait pas compte en développant sa première doctrine qu'elle aboutirait à la seconde et se continuerait en elle : Cultiver son Moi *d'abord, puis* lui découvrir une place prédestinée dans la société [1]. »

Si la théorie tainienne de la *race,* du *milieu,* du *moment* a un sens, c'est bien à Barrès qu'elle s'applique, au Barrès théoricien de la nationalité française et « musicien » du nationalisme.

Il était né en Lorraine, il avait habité Strasbourg, il avait huit ans quand les Allemands entrèrent à Charmes, il avait écouté les récits de l'épopée napoléonienne : il n'en faut pas davantage pour déterminer une conscience d'enfant. Plus tard, à l'âge des options décisives, le retour

[1] Jacques Rivière, Lettre à Alain-Fournier, 12 octobre 1905. (*Correspondance,* 1905-1914, N.R.F., I, pp. 88-89.)

de l'Alsace-Lorraine à la France restera son objectif numéro
un. Il ira même jusqu'à dire, peut-être pour s'en mieux
persuader : « *Mes idées ne sont pas de moi*, je les ai trou-
vées, respirées de naissance, *ce sont les idées de la Lorraine* [1]. »

Lorsqu'il rédige *les Taches d'encre* - il a vingt-trois
ans - son *Credo* politique se réduit à cette seule revendication :

« *Notre tâche sociale, à nous, jeunes hommes, c'est
de reprendre la terre enlevée, de reconstituer l'idéal français
qui est fait tout autant du génie protestant de Strasbourg
que de la facilité brillante de Metz. Nos pères faillirent un
jour : c'est une tâche d'honneur qu'ils nous laissent. Ils
ont poussé si avant le domaine de la patrie dans les do-
maines de l'esprit que nous pouvons, s'il le faut, nous
consacrer au seul souci de reconquérir les exilés. Il n'y
faudra qu'un peu de sang, et quelque grandeur dans
l'âme* [2]. »

Mais il avait pris le soin de préciser que ce patriotisme
n'était nullement exclusif :

« *Nous dirons la France grande et l'Allemagne aussi.
Quels que soient, d'ailleurs, les instants de la politique,
trois peuples guident la civilisation dans ce siècle : la France, l'Angleterre, l'Allemagne aussi. Et ce serait pour tous
une perte irréparable si l'un de ces flambeaux disparaissait.*

» *Le patriotisme d'aujourd'hui ne ressemble pas plus
au chauvinisme d'hier qu'au cosmopolitisme de demain.
Nous avons des pères dans tous les pays, Kant, Goethe,
Hegel ont des droits sur les premiers d'entre nous* [3]. »

« *Nous avons des pères dans tous les pays* » : Barrès
se souvenait-il encore de cette profession de foi lorsqu'il
concluait, vingt-cinq années plus tard :

[1] *Mes Cahiers*, t. XI, p. 395.
[2] *Les Taches d'encre*, n° I, 5 novembre 1889.
[3] *Les Taches d'encre*, n° 1, pp. 31-32.

« *En politique, je n'ai jamais tenu profondément qu'à une seule chose : la reprise de Metz et de Strasbourg* [1]. »

« *A suivre dans quel ordre mes ancêtres ont bâti leur pays, je retrouverai l'ordre dans lequel furent posées mes propres assises* [2]. »

Cette phrase d'*Un homme libre* contenait en puissance tout le nationalisme de Barrès. Au moment même où il cède aux séductions de l'Orente, à la musique impalpable et dissolvante de l'Orient, le clairon de Déroulède l'appelle au combat. Son Moi ne lui suffit plus. Il veut construire sa vie sur une idée, la lier à une grande action politique, concertée comme une œuvre d'art.

Le « renversement » de la politique de Barrès est visible dès l'*Homme libre* où il constatait : « *L'individu est mené par la même loi que sa race* », et concluait : « *J'ai renoncé à la solitude, je me suis décidé à bâtir au milieu du siècle, parce qu'il y a un certain nombre d'appétits qui ne peuvent se satisfaire que dans la vie active.* » Cette volonté d'action était déjà « la règle de sa vie », ce qui lui permettra de répondre à M. Doumic, trop pressé d' « *immoler le veau gras* » :

« *Je n'abjure pas ces erreurs, car je ne les connais point... Le travail de mes idées se ramène à avoir reconnu que le moi individuel était tout supporté et alimenté par la société. Idée banale, capable cependant de féconder l'œuvre d'un artiste et d'un homme d'action.* »

Un homme libre montre bien comment Barrès est passé tout naturellement du culte du moi individuel à « l'adora-

[1] *Vingt-cinq ans de vie littéraire*. Cela dit, Barrès n'était nullement fermé au génie allemand, auquel il devait consacrer une de ses dernières études (« Quelles limites poser au germanisme intellectuel ? », *la Revue universelle*, 1921). Gœthe, Heine et Nietzsche (que Barrès incita Henri Albert à traduire) furent parmi les compagnons favoris de sa pensée.
[2] *Un homme libre*, p. 47.

tion » du moi héréditaire : il y découvre que c'est « *bien peu d'exister que de mourir un jour ; je m'honore pour mon vrai moi que ce qui porte en moi le caractère d'immortalité. Mon être m'enchante quand je le vois échelonné sur tant de siècles. Je ne suis qu'un instant d'un long développement de mon Etre* ».

Barrès ne fait que traduire ici l'hypothèse selon laquelle l'embryon reproduirait tour à tour les grandes étapes qui marquèrent la formation de sa race ; la Lorraine lui sert de terrain d'expérience où vérifier ce postulat :

« *A étudier l'âme lorraine, je compris quel moment je représentais dans le développement de ma race ; je vis que je n'étais qu'un instant d'une longue culture, un geste entre mille gestes d'une force qui m'a précédé et qui me survivra.. Je pris conscience de l'essentiel de moi-même, de la part d'éternité dont j'ai le dépôt.* »

Cette province n'est pas seulement la terre un peu fruste, triste, délicate, sans passion, qu'est la Lorraine des plateaux, mais une Lorraine de l'âme, élue, créée de toutes pièces, à l'usage du Moi barrésien et, comme l'a dit Henri Franck : « Ce n'est pas la Lorraine qui a créé Maurice Barrès, c'est lui qui a créé la Lorraine. Elle n'est rien, au sens où il l'entend, que le beau nom qu'il a donné à son âme : c'est son âme qui est pleine de mirabelles tombées ; c'est elle que traversent les routes romanesques entre les peupliers décoratifs [1] »

Une méthode de création du Moi - puis une méthode de création de la race et de la province - enfin une méthode de création de la Nation, voilà la triple démarche par laquelle Barrès se « crée » individu, lorrain, puis français. On songe à Michelet, épousant les passions de la France, à son admirable cri - « La France a fait la France... » - lorsqu'on lit ces lignes chez Barrès : « *Chacun*

[1] Henri Franck, *la Danse devant l'Arche*, p. 202.

refait l'histoire de France [...] *Nous trouverons un profit
plus certain à nous confondre avec toutes les heures de
l'histoire de France, à vivre avec tous ses morts, à ne nous
mettre en dehors d'aucune de ses expériences* [1]. »

Ainsi le nationalisme de Barrès s'efforce-t-il de con-
juguer une volonté et une sensibilité : une sensibilité ordonnée et exploitée, à la fois capacité de musique et
d'émotion et préparation sentimentale à une doctrine ex-
plicite [2].

L'action est la hantise des intellectuels ; la politique,
leur passion. Rien d'étonnant à ce que Barrès, qui aimait
à « vibrer », ait cherché dans la politique militante un
dérivatif à ses humeurs et un prétexte à ses exaltations.
Mais, pour se développer, sa « doctrine » avait besoin d'un
milieu favorable : la crise de croissance de la démocratie
française à la fin du XIXe siècle, puis la menace allemande
le lui fournirent.

La parution de *l'Avenir de la science,* fruit des entre-
tiens de jeunesse de Renan et de Berthelot, en 1848, avait
marqué, en 1890, l'apogée du scientisme et la royauté intellectuelle de Taine et de Renan ; dès leur mort (1892,
1893), une « réaction » [3] anti-rationaliste, anti-intellectua-
liste, anti-scientiste et anti-kantienne, va s'amplifier. Brunetière avait annoncé, un peu prématurément « la faillite de
la science », et le succès de cette phrase était déjà un signe.
La République des Lettres s'oriente vers la droite alors que
la République tout court s'ancre sur la gauche. Des con-

---

[1] *Scènes et doctrines du nationalisme,* p. 82.
[2] La description célèbre de *l'Appel au soldat* (un cimetière de campagne en Moselle où reposent des corps français tombés en 1870) orchestre admirablement cet ensemble d'images, de désirs, d'exaltation, d'enthousiasme et d'inquiétude sur lequel repose cette sensibilité nationaliste. On y trouve, sur une note quasi-charnelle, cette sensualité de la
mort qu'on retrouvera plus tard chez Malraux.
[3] Dont une des sources se trouvait du reste dans *la Réforme intellectuelle et morale* et dans les *Origines de la France contemporaine.*

versions intellectuelles et religieuses retentissantes, un retour
de la jeunesse des écoles à l'Eglise catholique et à la Patrie
française marqueront les premières années du XXe siècle ;
ils expliquent le précoce succès de Maurras.

Psychologiquement, la fin du XIXe siècle fut pour
la France une période de repli. La guerre de 1871 avait
frappé le pays d'une sorte de *diminutio capitis*. Ce com-
plexe d'infériorité poussa du moins la France à un immense
effort d'équipement, de colonisation, et de recherches : on
voulut lutter à armes égales contre la science allemande
- pour battre Mommsen sur son propre terrain, on fit de
la Sorbonne un laboratoire d'exégèse - et contre l'insti-
tuteur prussien - ce fut l'œuvre, tant combattue, de Jules
Ferry. Les cadres étaient sains, et même excellents ; les
méthodes, discutables ; l'esprit parfois sectaire.

La grande affaire pour la génération de Taine et de
Renan avait été le passage de l'absolu dogmatique à la
relativité scientifique : il avait fallu secouer la tutelle de
l'Eglise, et « passer du doute à la négation *sans y perdre
toute valeur morale* ». Mais lorsque les digues métaphysiques ont cédé, les barrières morales ne sauraient tenir
longtemps ; la génération de 1890 côtoya le nihilisme :

« Les jeunes gens du XXe siècle, écrivait Maurras, se
feraient difficilement une idée de notre état d'insurrection,
de dénégation capitale [...] il s'agissait pour nous de dire
non à tout [...] Le mot de scepticisme n'est pas suffisant
pour qualifier ce mélange d'incuriosité frondeuse avec le
délire de l'examen. Un *à quoi bon ?* réglait le compte
universel des personnes, des choses et des idées. C'était le
néant même senti et vécu. »

Ce néant, on le voit de nos jours, a fait depuis quelque
chemin. Mais le témoignage de Maurras peut être suspect
à d'aucuns ; veut-on celui d'Octave Mirbeau ? :

« Politique rabaissée, littérature rapetissée, art galvaudé,
société désemparée et dont les débris flottent pêle-mêle sur
les vagues montantes de la démocratie ; religion bafouée,

camaraderie [...] réclames triomphantes [et] payées [...]
lâchetés qui agenouillent les consciences devant des sacs
d'écus : voilà cette vie que Renan nous disait, hier encore,
de trouver belle [1]. »

Ces lignes datent de 1887 ; le malaise qu'elles tra-
duisent est, d'une certaine manière, éternel. Mais c'est le
propre des âmes bien nées de ne pouvoir se résigner à
ce spectacle. Une première réaction était venue de Taine
et de Renan, tandis que Bourget commençait à donner à la
« défense de la Société » son massif romanesque [2]. Sur le
plan politique, la France, tout occupée à consolider la
République sans verser dans le socialisme, n'avait guère
progressé vers la solution du vrai problème qui se posait
alors à elle : donner un sens moderne au mot de nation,
c'est-à-dire résoudre la question sociale. Barrès, lui, a bien
vu cette double exigence : entre le socialisme et la nation
il cherche une synthèse qu'il expose dans le programme
qu'il offre en 1889 à ses électeurs de Nancy : on peut y
lire en filigrane, sous une phraséologie idéaliste, quelques-
uns des thèmes qui s'épanouiront dans les expériences
nationales-socialistes du XXe siècle.

En dépit de son expérience boulangiste - qu'il évoquera dans *l'Appel au soldat* - Barrès fait alors plutôt
figure d'anarchiste de gauche que de conservateur, comme
le reconnaît lui-même J.-M. Domenach : « Jusqu'à l'Affaire,
le nationalisme barrésien n'est pas un phénomène de droite,
au sens classique, mais une expression politique confuse,
relevant du bonapartisme et de l'anarchisme proudhonien :
la révolte contre l'Etat s'y mêle au goût de l'ordre vrai. Le
culte de la nation s'accompagne d'un certain socialisme
antiétatique et frondeur. En 1896, Barrès se présente aux
électeurs de Boulogne-Billancourt sous le patronage de

---

[1] Octave Mirbeau, *Grimaces,* 1887.
[2] Traitant dans *le Disciple* et dans *l'Etape* des thèmes analogues à ceux
des *Déracinés.*

Jaurès. Et en 98 il déclare encore aux électeurs de Nancy que « nationalisme engendre nécessairement socialisme ». Il se rend bien compte en effet qu'il n'y a pas de communauté nationale tant qu'un prolétariat, ainsi qu'Auguste Comte l'avait marqué, campe dans la Cité. La communauté réalisée dans le mythe historique national ne pallie pas la séparation actuelle. On put croire un moment que le nationalisme français s'associerait ainsi à la revendication prolétarienne, qu'il trouverait son allié naturel dans la classe ouvrière, alors plus proudhonienne que marxiste et fédérée contre l'ordre exploiteur, et que ces deux colonnes monteraient ensemble à l'assaut de la République opportuniste, qui eût été emportée. Mais les nationalistes français, prisonniers de leur classe, ne surent saisir cette chance historique. Déjà, l'amour de la patrie avait pris chez eux cette forme exclusive et ce vêtement d'intellectualité, qui allait rendre leur doctrine, pour reprendre les termes de Bernanos, « difficilement assimilable à ceux que les gens de droite traitent dédaigneusement de primaires [1]. »

En 1894, Barrès a fondé *la Cocarde*, un petit journal nationaliste et antisémite, qui annonce *l'Action française* ; les articles qu'il y donne mêlent curieusement à des thèmes socialistes une sensibilité hégélienne qu'on retrouvera quinze ans plus tard chez Georges Sorel ; il y prend parti pour le régionalisme et la décentralisation ; pour l'idéal socialiste, mais contre la « dictature uniforme » qu'entraînerait inévitablement le marxisme.

Battu aux élections législatives (à Neuilly en 1896, et à Nancy en 1898, déception amère dont il ne se consolera que lorsqu'il aura retrouvé, treize années plus tard, un siège à Paris : car cet antiparlementaire se sentira toujours en exil hors de la Chambre), il se retourne vers la littérature, une littérature nourrie d'idéologie, et largement autobiographique, en se consacrant au « Roman de l'énergie nationale » dont le premier tome - *les Déracinés* - paraît en 1897.

[1] *Barrès par lui-même*, le Seuil.

V

Les Déracinés

Les Déracinés sont le seul vrai roman de Barrès, construit, équilibré, intelligent malgré sa partialité, presque toujours vivant.

On en connaît le thème : sept collégiens aux prises avec la vie, sept Lorrains venus faire leurs études à Paris : François Sturel, le témoin privilégié ; Roemerspacher, le médecin ; Saint-Phlin, le gentilhomme campagnard ; Suret-Lefort et Renaudin, vite gâtés par l'arrivisme parisien ; Racadot, clerc de notaire, et Mouchefrin, le faux étudiant en médecine, ces deux-là sortis du peuple et à qui le *déracinement* sera fatal, puisque le dernier finira sur l'échafaud.

Le personnage central, celui « en qui Barrès paraît avoir versé la plus grande partie de sa nature, de sa vie, de ses rêves [1] », c'est Sturel, qui « *représente chez les sept Lorrains les valeurs féminines, comme Roemerspacher figure les valeurs mâles* ». Il est « *vraiment l'enfant des femmes* [2]. » Enfant blessé par l'internat, il n'a eu personne à embrasser avant de s'endormir, il s'est replié sur lui-même,

[1] Albert Thibaudet, *la Vie de Maurice Barrès,* p. 195.
[2] *Les Déracinés,* p. 318.

évadé dans ses rêves ; il deviendra plus tard un « *jouisseur délicat* », un « *nerveux à la recherche de son bonheur* », « *au net, un débauché* » : « *sa volupté la plus fine, dans le secret de son cœur, semble être de gâcher un bonheur* ». Comme Julien Sorel, il s'écrie : « *Peut-on être plus heureux que je ne suis ? J'aime une femme que tout le monde désirerait et qui veut bien me croire aimable. Je suis engagé dans une grande aventure historique. En même temps, je garde la possession de moi-même et je mêle à ces excitations une clairvoyance de blasé* [1].* »

Sturel « *aimait la solitude et la perfection : timide, avide et dégoûté, il faisait des objections à tous les bonheurs et ne jouissait pleinement que de la mélancolie. Au reste, il sentait avec une intensité prodigieuse, mais, désireux de mille choses, il était incapable de se plier aux conditions qu'elles imposent* [2].* »

Ce disciple de Jean-Jacques a trouvé sa Madame de Warens en la personne d'Astiné Aravian, une jolie Arménienne, à la fois « *femme de Ninive et fille d'Ionie* », qui exprime le rêve oriental de Barrès.

Roemerspacher, au contraire, incarne le sérieux, la solidité, l'organisation de l'Allemagne : « *Gros travailleur, fort mangeur, grand parleur [...] il est capable d'accomplir une besogne énorme et très bien faite* [3] » « *parce qu'il reste profondément lorrain et qu'au lieu de se laisser dominer par les éléments parisiens il les maîtrise, les emploie à sa guise* ». Ce garçon solide et parfaitement équilibré pense, avec ses maîtres, « *qu'il n'y a pas une règle pour l'homme, mais des règles selon les hommes* ». Ce relativisme s'accompagne d'une « *horreur du chagrin, des inquiétudes, de tout ce qui arrête son libre développement* ». Aussi Roemerspacher refera-t-il tout naturellement de Thérèse de Nelles,

---

[1] *L'Appel au soldat*, p. 164.
[2] *Les Déracinés*, p. 316.
[3] *Les Déracinés*, p. 311.

rendue nerveuse par la vie parisienne, une Lorraine pleine de bon sens.

Henri Gallant de Saint-Phlin, charmant enfant, délicieux ami, n'a ni la sensibilité raffinée de Sturel, ni les capacités de Roemerspacher : mais il saura rester l'homme d'une terre, d'un milieu, d'une tradition.

Disciple de Bouteiller, Suret-Lefort est le produit du radical-socialisme : « *Déraciné de toute foi, il subit simplement l'atmosphère, les fortes nécessités du milieu.* » Renaudin, le journaliste, représente ces parties malpropres de la politique que Suret-Lefort utilise mais qu'il parvient pourtant à dominer.

Ces cinq-là, tous de naissance bourgeoise, sont ceux qui montent ou qui, tout au moins, se maintiennent. Racadot et Mouchefrin, les pauvres de la bande, essayent de brûler les étapes de l'accession sociale, et se brisent les reins. Le lycée de Nancy leur a monté à la tête. Ils doivent leur fin lamentable aux idées qui les ont égarés : « *En haussant les sept jeunes Lorrains de leur petite patrie à la France et même à l'humanité, on pensait les rapprocher de la raison. Voici déjà deux cruelles déceptions : l'effort a complètement échoué* [...] *Mouchefrin et Racadot n'avaient pas naturellement de grandes vertus mais ils furent trahis par des chefs insuffisants* [1]. »

Bouteiller - alias Auguste Burdeau, qui fut le professeur de Barrès avant de devenir son collègue à la Chambre - a été leur mauvais maître. Ce « *fils de la raison, étranger à nos habitudes traditionnelles, tout abstrait et vraiment suspendu dans le vide* [2] », ce sectaire et cet ambitieux décharné a « déraciné » ces jeunes Lorrains.

Les sophismes qu'il prête à Bouteiller, Barrès les porte aussitôt au compte du « spirituel républicain ». « *Qu'est-ce que la France,* fait-il dire à Bouteiller, *une collection d'in-*

---

[1] *Les Déracinés,* t. II, p. 231.
[2] *Les Déracinés,* t. I, p. 21.

dividus ? Un territoire ? Non pas, mais un ensemble d'idées
[...] La France, c'est l'ensemble des notions que tous les
penseurs républicains ont élaborées et qui composent la
tradition de notre parti. On n'est Français qu'autant qu'on
les possède dans l'âme [...] sans philosophie d'Etat, pas
d'unité nationale [1]. »

Bouteiller, « *ivre d'un kantisme malsain* », les a dé-
tachés du « *sol et du groupe social où tout les relie pour*
les placer hors de leurs préjugés dans la raison abstraite [2] ».
    Grâce à lui, « *leur désir est pour le pays qu'ils ignorent,*
pour la société qui leur est fermée, pour le métier le plus
étranger à la maison paternelle. Ces trop jeunes destructeurs
de soi-même aspirent à se délivrer de leur vraie nature, à
se déraciner [...] le lycée de Nancy avait coupé leur lien
social naturel; l'Université ne suffit pas à leur créer les
attaches qui eussent le mieux convenu à leurs idées innées
ou, plus exactement, aux dispositions de leur organisme.
Une atmosphère faite de toutes les races et de tous les pays
les baignait. Des maîtres éminents, des bibliothèques énor-
mes leur offraient pêle-mêle toutes les affirmations, toutes

---

[1] *Les Déracinés*, t. II, p. 15. C'est ici l'amorce d'une distinction qui
deviendra bientôt classique entre la « France des rhéteurs et des ju-
ristes » (« la France, oui, mais la France de la Révolution de la justice
et du droit ! » s'écriera Ranc, deux années plus tard, en pleine affaire
Dreyfus) et la « France charnelle » qu'exaltera Péguy. Maurras en
déduira l'opposition du « pays légal » et du « pays réel ». Mais la
France de « la Terre et des Morts » est aussi celle de « la Justice et
du Droit », la France capétienne est celle aussi de 1789. Péguy a tra-
duit cela dans un beau titre : *La République, notre Royaume de France.*
[2] *Les Déracinés*, t. I, p. 21.
    Dès *les Taches d'encre*, Barrès déplorait « *ce jacobinisme qui sacrifie*
partout l'individu à la masse. Le lycée abêtit les trois quarts des intel-
ligences, des caractères surtout ». Mais il reprend ici contre Bouteiller
les chefs d'accusation sous lesquels succomba Socrate, vingt-deux siècles
auparavant : corrompre la jeunesse, ridiculiser les parents, introduire
de nouveaux dieux.

les négations. Mais qui leur eut fourni, en 1883, une méthode pour former, mieux que des savants, des hommes de France ? »

« *Chacun d'eux porte en son âme un Lorrain mort jeune et désormais n'est plus qu'un individu. Ils ne se connaissent pas d'autre responsabilité qu'envers soi-même ; ils n'ont que faire de travailler pour la société française qu'ils ignorent, ou pour des groupes auxquels ne les relie aucun intérêt. Déterminés seulement par l'énergie de leur vingtième année, ils vaguent dans le Quartier latin et dans ce bazar intellectuel, sans fil directeur, libres comme la bête dans les bois* [1]. » Surtout, il leur manque « *une grande passion sociale* » qui pourrait les rassembler.

Il y aurait beaucoup à dire sur ce réquisitoire. Retenons les griefs-clefs : l'Université a coupé le « *lien social naturel* » de ses élèves et ne l'a point remplacé ; elle a ruiné « *leurs idées innées* » *;* elle ne leur a pas donné de certitudes ; elle en a fait des têtes mal faites et trop pleines ; elle n'a même pas su toujours leur procurer un métier qui leur convienne, une place digne d'eux dans la société ; elle a donné naissance « *à un prolétariat de bacheliers et de filles* » tandis qu'elle enlevait à la province française quelques-uns de ses meilleurs éléments. (Cette dernière remarque est sans doute la plus juste, et elle est toujours d'actualité.)

Qu'est-ce à dire, sinon que l'éducation, telle que l'entend Barrès, ne saurait être qu'un prolongement du milieu ? « *Nos vignes, nos forêts, nos rivières, nos champs chargés de tombes, quel beau cadre d'une année de philosophie,* » si la philosophie c'est (comme le veut Saint-Phlin), «*s'enfoncer pour les saisir dans nos vérités propres* [2]. » Barrès reviendra sur ce problème de l'éducation dans un exquis petit livre écrit à l'intention de son fils Philippe, *les Amitiés*

---

[1] *Les Déracinés*, t. I, pp. 133-134.
[2] *Leurs Figures*, p. 297.

françaises 1 : « *Nous nous croyons très cultivés alors que nous ne sommes que très encombrés* [...] *C'est un malheur, une perte irréparable qu'un enfant grandisse en dehors de sa vérité propre et qu'il échange son chant naturel contre une cantilène apprise, car il devient un être artificiel, un homme-mensonge.* »

Mais est il certain que le milieu d'origine soit toujours le meilleur ? Sans l'Université, Pasteur eut gardé les vaches, Péguy eut rempaillé des chaises. Si de jeunes bourgeois aisés comme Barrès ont souffert du lycée - et surtout de l'internat - combien de garçons bien doués, mais nés dans des familles modestes, n'ont-ils pas dû à l'école l'accès à la culture et à une vie plus élevée ? Le devoir de tout enseignement n'est-il pas d'arracher aux préjugés, aux routines pour ouvrir à tous les problèmes, à toutes les idées, pour révéler tous les talents, pour donner le goût du vaste monde, et faire des meilleurs, non seulement des « hommes de France », mais aussi des « savants » ?

Pourtant, la critique de Barrès est vraie en ceci qu'une éducation ne saurait faire abstraction du milieu dans lequel est né l'enfant, pas plus que de l'avenir auquel, vraisemblablement, il se destine : faute de quoi elle n'aboutirait qu'à créer des inadaptés, des « ratés » sociaux, au mieux de ces « chômeurs intellectuels » que nous avons vu proliférer en Europe depuis les deux dernières guerres. « *Tous les jeunes Français*, affirme Barrès, *sont dressés dans les lycées pour faire des hommes de lettres parisiens* », et il est piquant de constater que lui-même n'a pas été autre chose.

---

1 Quoi de plus charmant que les pages que Barrès consacre au compagnonnage de son fils Philippe et du chien Velu ? Quelle gentillesse, quel humour, quelle grâce, quelle spontanéité dans ces rapports entre la grosse bête fidèle et le petit garçon de cinq ans ! Barrès aimait les bêtes, au point de n'être pas loin de leur attribuer une âme. Comme elle est loin, cette éducation *naturelle,* du gavage intellectuel d'un Stuart Mill ! Education qui s'adresse au cœur pour élever l'intelligence, qui fonde le caractère sur une conception à la fois haute et fraternelle de l'humanité.

M. Jean-François Gravier a repris[1] cette thèse, aujourd'hui classique, qui fait de la capitale française « *la tête hydrocéphale d'un enfant rachitique* ». Mais l'aménagement du territoire devrait justement mettre fin à la prolifération des taudis. Les banlieues de Stockholm ou de Copenhague n'ont rien à envier à l'habitat rural de nos provinces les plus favorisées ; croit-on l'ouvrier agricole des Pouilles mieux logé que son compatriote ouvrier de Turin ? Londres a-t-il étouffé la vie de la province anglaise ?

La littérature ici fait illusion : si Paris reste la capitale artistique et littéraire par excellence, la ville, qui donna le signal des révolutions européennes, n'a guère plus que ce quatre-vingt-sixième d'influence politique auquel voulaient la réduire les « ruraux » de Versailles. Mais elle continue à jouer un rôle unique - fort exactement décrit dans *les Déracinés* - dans la formation de l'intelligence française et dans celle de la bourgeoisie. Tout ce qui veut en France « arriver », « se faire un nom », monte à Paris - et tout ce qui veut accéder à l' « Esprit » vient à Paris. Paris : côté jardin, le décrassage artiste ; côté cour, le décrassage social. On parle toujours de décentraliser l'Université et les Grandes Ecoles mais la nouvelle Ecole nationale d'Administration se situe très exactement dans la ligne de l'unification et de l'abstraction napoléoniennes que Barrès s'efforçait en vain de déraciner...

Troisième élément de la thèse des *Déracinés :* la séparation d'avec le milieu d'origine et l'influence conjuguée de l'Université napoléonienne et de Paris provoquent une crise : seuls les plus forts, les mieux doués *socialement* survivront. Des sept, seuls Racadot et Mouchefrin tomberont, alors qu'on aurait pu faire d'eux de bons artisans lorrains. Mais là encore, le choix est partial, car il n'est pas du tout sûr que l'origine sociale détermine *automatiquement* les résultats de l'épreuve : il n'y a jamais que des cas indivi-

duels. Aujourd'hui, il semble même que la sélection naturelle s'exerce à l'encontre des privilèges de la naissance ;
il n'y a pas de place, dans le monde moderne, pour les
« fins de race ». Léon Blum se fit socialiste lorsqu'il découvrit que « si la fortune était héréditaire, l'intelligence
ne l'était point ».

Ainsi la thèse des *Déracinés* est-elle fort contestable ;
André Gide devait la ridiculiser à l'aide d'arguments em-
pruntés à la botanique [1]. Si la partie pédagogique, trop
visible, a vieilli, le tableau de la société française n'en reste
pas moins d'un puissant intérêt. « *Les Déracinés* forment
probablement le sommet de l'œuvre de Barrès, le grand
plateau plein d'espace et de lumière où l'on se promène
longuement et d'où les vues sont larges. Nulle part plus
qu'en ce panorama, placé entre les deux versants de sa
montée juvénile et de sa descente vers les belles plaines,
il n'a jeté d'expérience, de talent, d'humanité. Il semble
qu'il y réalise un de ses rêves de Venise. Le livre est débordant d'intelligence comme un plafond de Tiepolo est débordant de lumière [2]. »

Le roman n'est pas sans rappeler *le Rouge et le Noir*,
et, dans Sturel, il y a plus d'un reflet de Julien Sorel.
Mais le chef-d'œuvre de Stendhal traduisait les aspirations,
la colère, l'ambition d'une fraction « radicale » de la classe
montante ; celui de Barrès transpose au contraire les crain-
tes, le mépris, la résistance d'une classe déclinante qui
redoute de perdre son pouvoir. Lucien Leuwen, Julien Sorel
sont des boursiers qui revendiquent les droits de l'esprit ;
Sturel, le dilettante, invoque un héritage qu'il sent lui
échapper. Mais à ce titre, *les Déracinés* méritent une place
éminente dans l'histoire sociale de la France ; et l'on peut
s'étonner que les marxistes, qui ont su glorifier en Balzac
l'écrivain représentatif de la bourgeoisie à son apogée,

---

[1] Cf. *Prétextes.*
[2] *La Vie de Maurice Barrès, op. cit.,* p. 164.

n'aient pas mieux senti la signification de l'œuvre de
Barrès, à travers laquelle ils auraient pu aisément déceler
les contradictions d'une classe à son déclin [1].

Le livre conduit le lecteur, non sans habileté, devant
de belles scènes oratoires comme la visite de M. Taine à
Roemerspacher et leur promenade au square des Invalides,
où l'on voit le philosophe désigner « *de son parapluie mal
roulé de bourgeois négligent* », un platane luisant de pluie :

« - *Combien je l'aime, cet arbre... Je ne me lasse pas
de l'admirer et de le comprendre... Il me parle de tout ce
que j'ai aimé, les roches pyrénéennes, les chênes d'Italie,
les peintres vénitiens...*

» ... *Cet arbre est l'image expressive d'une belle
existence... Sa jeune force créatrice dès le début lui fixait
sa destinée... Lui-même il est sa loi, et il l'épanouit...
Cette masse obéit à une raison secrète, à la plus sublime
philosophie, qui est l'acceptation des nécessités de la
vie...* [2]. »

Et comment oublier le serment des Sept qui, le petit
Mouchefrin en tête, devant le tombeau de Napoléon « *professeur d'énergie* », jurent d' « *être des hommes* » :

« *Le tombeau de l'Empereur, pour des Français de
vingt ans, ce n'est point le lieu de la paix, le fossé où un
pauvre corps qui s'est tant agité se défait ; c'est le carrefour
de toutes les énergies. Depuis cent ans, l'imagination partout
dispersée se concentre sur ce point.* [...] *Supprimez Napoléon : vous anéantissez l'imagination condensée du siècle...*

» *Dans Sainte-Hélène, îlot sans arbres et sous le climat
des tropiques, il était le roi Lear, proscrit, persécuté par
ses filles. Ses filles, c'étaient ses idées, le souvenir de ses
grandes actions. Il était fou de son génie. C'était un terrible roi Lear, obèse avec un grand chapeau de planteur.*

[1] On peut faire la même remarque à propos de Proust.
[2] *Les Déracinés*, t. I, pp. 213-216.

Et voilà la dernière forme, le vieux Corse autoritaire que l'on a mis dans le cercueil...

» [...] Il fut également le corsaire de Byron, l'empereur des Musset, des Hugo, le libérateur selon Heine, le Messie de Mickiewicz, le parvenu de Rastignac, l'individu de Taine [...] il a tiré de leur léthargie les nationalités. Toutes les nationalités en Europe et, depuis un siècle, chaque génération en France ! Aux libéraux, aux romantiques, aux messianistes, aux internationalistes [...] il donne la flamme [...]

» Dans sa gloire s'engloutissent des millions d'anonymes [...] Les Sturel, les Roemerspacher [...] qui, le 5 mai 1884, entourent son tombeau et viennent lui demander l'élan, lui apportent aussi leur tribut. Sous tous les Napoléons de l'histoire [...] ils ont dégagé le Napoléon de l'âme [1]. »

La méditation des Sept devant le tombeau des Invalides amène tout naturellement Barrès à poser le problème de l'héritage napoléonien, gravement compromis par une « *France dissociée et décérébrée* ». L'héritier napoléonien, pour lui c'est *le héros* inséparable de la collectivité qu'il sert ; mais aujourd'hui, n'est-ce pas le militant fasciste ou l'homme communiste ? L'intuitif Barrès avait deviné le risque que les héros font courir à la société : « *Des hommes qui n'ont pas de devoirs d'état, qui sont enfiévrés par l'esprit d'imitation en face d'un héros, et qui prétendent intervenir avec leurs volontés individuelles dans les actions de la collectivité, c'est pour celle-ci fort terrible. Car les héros, s'ils ne tombent pas exactement à l'heure et dans le milieu convenables, voilà des fléaux [2].* »

Pensée que l'histoire a souvent illustrée et que Barrès aurait gagné à approfondir...

---

[1] *Les Déracinés*, t. I, pp. 234-237. (Nous nous sommes permis d'élaguer quelques adjectifs).
[2] *Les Déracinés*, t. I, p. 263.

* * *

Les Déracinés exercèrent une profonde influence. Re-
layé par l'enseignement de Bergson, Barrès avait lancé
dans la vie des idées ces thèmes traditionnels que toute une
littérature « bien-pensante » - des romans de Bourget, aux
premières œuvres des Bazin et des Bordeaux - allait reprendre. Ils avaient mis à la mode le retour à la terre, le
retour de l'Alsace, le reniement des « faux dogmes », et la
haine des « idéologues ».

L'Appel au soldat (1900) fait suite aux *Déracinés*.
C'est le récit romancé de l'aventure boulangiste : chef-
d'œuvre digne de Saint-Simon par l'acuité et de Chateaubriand par le style. La passion n'y obscurcit pas la lucidité
et Boulanger est jugé par un de ses militants avec une
singulière intelligence. Il faut lire le récit de ce dimanche
27 janvier 1889 où Boulanger, élu à Paris contre le républicain Jacques, acclamé par une foule innombable, n'osa
marcher sur l'Elysée. Voici le commentaire de Barrès :

« *L'âme droite, honnête et naïve du général Boulanger
garde des préjugés d'éducation. Il se rappelle que son père
récitait les invectives de Victor Hugo contre l'Homme du
Deux-Décembre. Il redoute le jugement des rédacteurs de
l'histoire. Tout à fait ignorant du métier littéraire, il
s'épouvante d'un bruit de plumes.*

» *Moins honnête et poussé par des appétits, il aurait
marché. Un sage aussi, un homme clairvoyant et soutenu par
des idées maîtresses, eût mis, au nom de la science politique, son épée au service des* volontés confuses *de la
France. Avec les pleins pouvoirs que lui donne Paris, le
Général devrait être le cerveau de la nation et diriger ce
que sollicite* l'instinct national. *Il défaille,* faute d'une doctrine *qui le soutienne, et qui l'autorise à commander ces
mouvements de délivrance que les humbles tendent à exécuter. Autour de lui, l'inconscient se soulève en magnifique
état, mais l'indigence des principes empêche qu'on aboutisse
à un* programme *positif. Le général Boulanger, tout au net,*

*manque d'une foi boulangiste qui se substitue dans sa
conscience à l'évangile dont vit le parlementarisme* [1]. »

Ce texte est capital, car il résume l'évangile de la
contre-révolution, de ce qui deviendra plus tard le fascisme,
et il est toujours d'actualité : il appartient à l'homme pro-
videntiel d'assumer le destin de la Nation, d'exprimer son
« instinct » ; si Boulanger n'a pas su jouer ce rôle, c'est
faute d'audace, mais c'est surtout, selon Barrès, faute d'une
doctrine et d'un programme.

J'ajoutais, en 1952, cette remarque qui mériterait une
plus ample discussion : *Comment ne pas songer au général
de Gaulle en relisant ces lignes, vieilles d'un demi-siècle,
de Gaulle auprès de qui Malraux joue le rôle d'un nouveau
Barrès ?*

Leurs Figures viennent compléter, en 1902, *le Roman
de l'énergie nationale.* C'est une peinture atroce du parlementarisme, au moment du scandale de Panama. Un beau
livre, et peut-être une mauvaise action : la revanche du
boulangisme. Nous retrouvons Sturel, Madame de Nelles,
Bouteiller vieilli et amer. Certains tableaux, comme celui de
la mort et de l'exhumation du baron de Reinach [2], sont
devenus célèbres, et nous avons parfois l'impression d'entrer dans ce « *bain de haine* » où bouillonnait alors la
Chambre : Barrès se délectait-il de toute cette bassesse,
comme on l'a parfois affirmé ? Certaines pages de son
œuvre ne permettent pas entièrement d'écarter cette hypothèse [3].

---

[1] *L'Appel au soldat*, I, pp. 210-211 (c'est nous qui soulignons).
[2] « *Cravaté de blanc et vêtu de son frac, le baron sorti du cercueil.* »
[3] Barrès lui-même ne disait-il pas ? « *La haine emporte tout ; c'est
dans l'âme une reine absolue. Mais, entre toutes les haines, la plus intense, la plus belle, s'exhale des guerres civiles, et cette reine des reines,
je l'entrevis en décembre 1892, aux couloirs du Palais-Bourbon.* » (« La
haine emporte tout », *Du Sang, de la Volupté et de la Mort.*) Cf. aussi
Dans le cloaque et *En regardant au fond des crevasses* (1917).

Barrès, « écrivain engagé » : de l'affaire Dreyfus aux « Bastions de l'Est »

> *Pourquoi j'aime la politique ? D'abord, je lui dois la vie. Taine, après avoir lu l'Homme libre, me prédisait la folie.*
>
> *Je ne peux vivre dans une société sans drapeau... J'aime la République, mais armée, glorieuse, organisée.*
>
> *L'homme n'est pas fait pour qu'il rêve, mais pour qu'il morde et qu'il déchire* [1].

« *Nous retrouverons d'autres boulangismes* », s'écriait Sturel à la fin des *Déracinés*. Barrès ne croyait pas si bien dire : mais ce ne fut pas la revanche de Boulanger, que Sturel croyait discerner dans le scandale de Panama, ce fut une autre bataille perdue : l'Affaire Dreyfus.

En 1894, Barrès avait fondé *la Cocarde* ; le jeune Maurras y fit ses premières armes à ses côtés. Le 22 décem-

---

[1] *Le Voyage de Sparte*, p. 199.

bre de la même année, Dreyfus était condamné à la déportation perpétuelle. Trois ans plus tard, Scheurer-Kestner, Joseph Reinach et le lieutenant-colonel Picquart entamaient la campagne de révision ; Estherhazy, dénoncé par eux, fut acquitté en conseil de guerre. Avec le retentissant « J'accuse ! » de Zola, publié dans *le Figaro* du 20 novembre 1897, la véritable Affaire commençait.

Tout de suite, elle dépassa la personne de l'accusé comme celle de ses juges pour devenir une guerre mystique, l'affrontement symbolique de deux morales et une sorte de jugement de Dieu entre *l'Ordre* et le *Droit*. « Qu'importe un Juif condamné, pensait-on à Droite, si le salut de la France est à ce prix. Il nous faut une Armée intacte, une nation unie, des chefs respectés. » Maurras disait que si Dreyfus était innocent, il fallait le nommer Maréchal de France et fusiller ses principaux défenseurs. La gauche répondait avec Péguy qu'une France qui condamnerait un innocent perdrait son âme, qu'elle ne serait plus le pays « de la Révolution, de la Justice et du Droit ». (En fait, l'Affaire, comme toutes les grandes occasions, disloqua les cadres traditionnels de la Droite et de la Gauche.)

Ces idéaux se doublèrent vite d'intérêts contraires : la Droite commença d'espérer la revanche du boulangisme, la mobilisation de la révolte nationale pour balayer un Parlement « pourri » et pour construire un pouvoir stable et fort ; la Gauche crut parachever 1789, assurer la victoire des « lumières » sur l' « obscurantisme » en écrasant l'Eglise, la caste militaire et les notables.

Pressé de prendre parti, Barrès hésita. Zola répétant de sa démonstration : « C'est scientifique », l'avait agacé. La jeunesse dreyfusarde lui délégua un de ses disciples qu'il aimait comme un frère, Léon Blum, qui, vingt ans plus tard, évoquant ses souvenirs, tracerait de Barrès un portrait attachant :

« Je revois la grâce fière et charmante de son accueil, cette noblesse naturelle qui lui permettait de traiter en égal le débutant timide qui venait de passer son seuil. Je suis sûr qu'il avait pour moi de l'amitié vraie, une sollicitude de frère aîné... Il était pour moi, comme pour la plupart de mes camarades, non seulement le maître, mais le guide. Nous formions autour de lui une école, presque une cour... [1] »

Blum se croyait sûr de son appui ; Barrès demanda à réfléchir, puis finit par lui répondre : « *Dans le doute, c'est l'instinct national que je choisirai comme point de ralliement.* » Cette formule ambiguë, qui laissait prévoir le « ralliement » de Barrès à l'antidreyfusisme militant, tomba sur Blum « comme un deuil. Quelque chose était brisé, fini ; une des avenues de ma jeunesse était close ».

Jusque-là, Barrès avait pu concilier son boulangisme avec l'individualisme d'*Un homme libre*. Mais maintenant, il optait, contre une partie de sa jeunesse, pour le Parti de l'Ordre et de la défense sociale. Le programme socialiste de Nancy, les thèses fédéralistes et socialisantes qu'il venait de développer dans *la Cocarde* ne l'avaient pas détourné d'un combat sans issue, et presque sans noblesse. L'Affaire l'engageait, et il s'en rendait très bien compte, sur un terrain qui n'était pas le sien. (Etait-ce par ambition pour s'attacher un public plus vaste que celui de la littérature, par mépris des « gens d'en face », qui se décoraient du nom d' « intellectuels », ou simplement par manque d'imagination ?)

Barrès participa donc à la fondation de la *Ligue de la Patrie française,* créée, en janvier 1899 [2], cinq mois après le suicide du colonel Henry, pour répondre à la *Ligue des*

---

[1] Léon Blum, *Souvenirs sur l'Affaire,* Gallimard.
[2] Il en avait décliné la présidence et proposé lui-même le nom de Jules Lemaître. D'après certains témoignages — dont celui du comte de Leusse qui fut l'ami de Barrès longtemps avant de devenir son collègue à la Chambre, — Barrès aurait profondément regretté de s'être engagé dans l'Affaire Dreyfus, et il aurait reconnu, au lendemain de la guerre de 1914, l'innocence du condamné de l'île du Diable. Il avait d'ailleurs accepté, publiquement, la révision et confié à son fils Philippe : « *Nous avons été des fous de nous battre après le suicide du colonel Henry.* »

Droits de l'Homme. Il y retrouva vingt-quatre académiciens, Brunetière, Bourget et tout le « parti des ducs », mais aussi Maurras et Vaugeois qui allaient fonder *l'Action fran-çaise.* Sous la présidence nominale de François Coppée, Jules Lemaître allait mener la Ligue vers un complet échec électoral. Barrès s'aperçut vite que les doctrines de la Ligue étaient courtes et qu'un programme positif lui faisait défaut. Aussi la quitta-t-il dès 1901, au lendemain de la mort de sa mère (30 juillet) qui l'avait bouleversé au point qu'il songea à renoncer à la politique.

Entre-temps, il avait pris sa part du tumulte, assistant au procès de Rennes, puis à celui de Déroulède en Haute Cour après l'échec de Reuilly. La situation était renversée : la révision triomphait et la Gauche au pouvoir en profitait pour éliminer les modérés. *Nolens volens,* Waldeck-Rousseau avait ouvert les voies au radicalisme, mais l'exploitation démagogique et sectaire de l'Affaire allait donner, para-doxalement, de nouvelles chances à la réaction vaincue. *Parce que la mystique dreyfusarde se dégradait en politique, elle devenait incapable de porter ses fruits.* L'intolérance du Bloc, le combisme, les fiches et la démoralisation dans l'armée, allaient fournir un terrain de choix à la propagande nationaliste.

Maurras s'était donné pour mission de réaliser l'œuvre entreprise par Taine et par le Play, d'imposer aux Fran-çais, « cette réforme intellectuelle et morale » que Renan avait en vain appelée de ses vœux.

Dès août 1901, Vaugeois, qui, d'abord, n'avait voulu que « reformer un parti républicain national qui reprenne l'œuvre optimiste de la Révolution dans l'esprit même où elle avait été inaugurée, » adhérait à la monarchie ; Barrès, resté républicain, quittait la Revue grise. Il avait pourtant fait connaître au grand public, deux ans auparavant [1], le manifeste de *l'Action française* qui se proposait de « re-

---

[1] Dans un article du 30 octobre 1899.

constituer la France comme société, restaurer l'idée de patrie, renouer la chaîne de nos traditions en la prolongeant et l'adaptant aux circonstances de notre temps, refaire de la France républicaine et libre un Etat organisé à l'intérieur, aussi fort à l'extérieur qu'il l'a été sous l'ancien régime [1] ».

La *Patrie française* avait échoué : au lieu d'être un pouvoir spirituel, elle n'avait été qu'une puissance (ou plutôt une impuissance) électorale. Barrès, lui, tenta de forger une doctrine, déjà contenue dans l'observation intuitive d'André Maltère : « Pour chaque être il existe une forme d'activité où il serait utile à la société, en même temps qu'il y trouverait son bonheur [2]. » Mais au temps de *l'Ennemi des lois*, Barrès pensait qu' « *il n'y a pas à contraindre les penchants de l'homme, mais à leur adapter la forme sociale* ». Longtemps il rêvera d'accorder nationalisme et socialisme (« *nationalisme engendre nécessairement socialisme* »,) comme il avait accordé en lui le Moi et la société (« *penser solitairement conduit à penser solidairement* »).

Mais bientôt, il se refusera à remettre en cause la société telle qu'elle est. Aux intellectuels, il déclare (dans *l'Appel au soldat*) :

« *Vous poursuivez la transformation de la France selon votre esprit propre. Et moi, je veux conserver la France. C'est tout le nationalisme, cette opposition. Vous songez et vous prétendez nous plier sur vos songeries. Nous constatons les conditions qui peuvent seules maintenir la France, et nous les acceptons...* »

« *D'étape en étape*, devait-il conclure dans les *Amitiés françaises*, *j'ai vérifié cette grave parole faiseuse de paix qu'on ne donne à aucun homme que ce qu'il possède déjà. L'amour et la douleur, les plus beaux livres et les plus*

---

[1] Manifeste du Comité d'Action française, article I, adopté le 19 décembre 1898 par Maurras, Vaugeois, Pujo, Caplain-Cortambert et Villebois-Mareuil.
[2] *L'Ennemi des lois*, p. 67.

*beaux paysages, toutes les magnifiques secousses de la vie
ne font qu'éveiller nos parties les plus profondes, nos territoires encore mornes.* »

Il devait reprendre et amplifier cette constatation dans
Scènes et doctrines du Nationalisme :

« *Chacun refait l'histoire de France. Nous trouverons
un profit plus certain à nous confondre avec toutes les
heures de l'histoire de France, à vivre avec tous ses morts,
à ne nous mettre en dehors d'aucune de ses expériences* [1]. »

Sturel redoutait déjà de voir disparaître la nationalité
française, « *c'est-à-dire la substance qui me soutient, et sans
laquelle je m'évanouirais. Il faut reprendre, protéger, augmenter cette énergie héritée de nos pères* [2] ». « *Un jeune,
être isolé de sa nation, ne vaut guère plus qu'un mot dé-
taché du texte* [3]. »

Le problème n'est plus, comme au temps de *l'Homme
libre*, pour l'individu et pour la nation de se créer tels
qu'ils voudraient être (impossible besogne !), mais de « *se
conserver tels que les siècles les prédestinèrent : Nous ne
sommes pas les maîtres des pensées qui naissent en nous* [...]
Il n'y a pas d'idées personnelles [...] *La raison, cette reine
enchaînée, nous oblige à placer nos pas dans les pas de nos
prédécesseurs.* »

« *C'est à ma tradition intérieure que je me livrerai. Si
je maintiens ma tradition, si j'empêche ma chaîne de se
dénouer, si je suis le fils de mes morts et le père de leurs
petits-fils, je puis ne pas réaliser les plans de ma race,
mais je les maintiens. Ma tâche est nette, c'est de me faire
de plus en plus lorrain, d'être la Lorraine, pour qu'elle
traverse intacte cette période où la France dissociée et
décérébrée semble faire de la paralysie générale* [4]. »

[1] *Scènes et doctrines du nationalisme*, p. 82.
[2] *L'Appel au soldat*, p. 282.
[3] *Id.*, II, pp. 46-47.
[4] *Leurs Figures.*

Mais si la nationalité française est « *une énergie faite sur notre territoire de toutes les âmes additionnées des morts* », ce nationalisme ne sera pas seulement « *une métho- de pour soigner les intérêts matériels de ce pays* » mais un traité « *que nous proposons aux vies individuelles avec la poésie, [...] un moyen d'anoblissement, [...] le plus pres- sant moyen d'aider au développement de l'âme. C'est faire participer chacun de nous aux grandes choses de nos pères.* »

Ainsi, peu à peu, Barrès s'enfermait-il dans ses cime- tières comme dans une forteresse. Des morts ! Toujours des morts ! Quelle barbe ! soupirait-il du temps des *Bar- bares*. Mais il avait fini par prendre goût aux cimetières, par accepter cette France que les siècles avaient formée et à laquelle il entendait faire prendre conscience de son histoire. Garder la Nation fidèle au souvenir de l'Alsace- Lorraine, lutter contre les apports extérieurs, (l'intelligence juive, les métèques,) rétablir les hiérarchies sociales, ac- croître le prestige et la force de l'Armée : programme banal qui ne résolvait aucun des problèmes réels de la France contemporaine. Ajoutons-y la décentralisation : Barrès lui a fourni, mieux qu'une doctrine ou qu'une législation, un état d'esprit, et a donné l'exemple, par l'orientation lor- raine de sa littérature, de ce que pourrait être une culture provinciale renouvelée.

Face à l'Allemagne :
le « Littérateur du territoire »

Mais le nationalisme de Barrès resterait presque incompréhensible sans la question d'Alsace-Lorraine d'abord, sans la menace allemande ensuite. Comme l'a noté Jacques Madaule, toute sa politique est une politique de frontière. La répulsion instinctive de Barrès à l'égard des Prussiens est d'autant plus curieuse que son tempérament, mi-celtique, mi-germain, était plus proche de l'âme allemande que du génie latin : même sentimentalité musicale et charnelle, à base de *Schaudern* et de *Gemuchlicht,* même pan-égotisme conquérant, même propension au manichéisme. Un psychanalyste relèverait sans doute dans son œuvre un sentiment d'admiration refoulée à l'égard d'un peuple dont il enviait secrètement la vitalité conquérante.

De 1906 à 1918, *Barrès n'a plus conçu son œuvre qu'à des fins de service national.* Son rôle est alors dans la conscience française celui du chœur qui, dans la tragédie grecque, commente et soutient l'effort des combattants.

Son nationalisme a pris tout naturellement la suite de son égotisme, l'illustration du Moi national venant se superposer et se confondre avec le culte du Moi individuel. *Au service de l'Allemagne* (1905) développe ainsi quelques thèmes déjà sous-jacents dans *Sous l'œil des Barbares :* Ehrmann, français de sang, de cœur et de culture, qui porte, pour rester alsacien, l'uniforme de soldat allemand, lutte pour repousser une discipline imposée du dehors, pour ne pas vivre « *une vie où soient contrariées les tendances de son âme* [1] ». *Colette Baudoche* (1909) développe un thème analogue : face au naïf M. Asmus, au pédantisme germanique, la petite Messine incarne la spontanéité, l'esprit rebelle de la Lorraine [2].

Les *Bastions de l'Est* sont des ouvrages de combat, et le public ne s'y trompe point. Lorsque la guerre éclate, Barrès, qui vient de remplacer Déroulède à la tête de la Ligue des Patriotes, est tout désigné pour continuer son œuvre [3]. Depuis 1906, il est membre de l'Académie fran-

---

[1] Barrès avait pris pour modèle d'Ehrmann le docteur Pierre Bucher, directeur de la *Revue alsacienne illustrée* et l'un des animateurs de la résistance intellectuelle et morale de l'Alsace.

[2] Barrès était parti d'un fait d'actualité : le mariage du professeur Werner avec une jeune fille de Strasbourg. Il y vit un symbole : c'est pourquoi il donna à son héroïne le nom de la Colette Baudoche lorraine, morte en 1541.

[3] J'avais mis en doute, dans mon article des *Etudes* (« Justice pour Barrès », mars 1949) que Barrès ait eu une véritable action politique. Charles Maurras m'écrivit le 9 mars, de sa prison, pour rectifier :

« Non. Il a eu une action profonde. Il a été l'un des plus grands transformateurs, le transformateur essentiel de l'opinion intellectuelle, de l'opinion juvénile en 1900 et en 1914. Le moral de l'union sacrée, le moral de la Marne est dû à son action. Je ne dirai pas que cela se démontre. Cela s'est vu et touché. Qu'il l'exerçât sans bouger, cette action profonde, même immense, c'est, après tout, le cas du dieu d'Aristote : action par un attrait, par l'appel du beau et du bien, l'appel du Christ barrésien. Mais elle avait aussi ce point d'application très particulier, qui, lui, se mouvait et agissait directement. C'était M. Poincaré. Mesurez, je vous prie, la destinée de Suret-Lefort des *Déracinés* (politique de Poincaré jeune) des années voisines de la guerre, le chef de la République de 1912, le président du Conseil de Millerand (qui, en arrivant rue Saint-Dominique, déclare : « Je remettrai l'armée dans l'état où elle était avant l'Affaire Dreyfus », et qui voulut faire rendre justice au colonel du Paty de Clam), le président du Conseil qui, dès sa première saison, établit la liberté du culte de Jeanne d'Arc dans les rues de Paris. Avant 1912, il fallait nous battre avec la police

çaise et député de Paris, et fait vraiment figure de « maître » [1]. A la Chambre, c'est en égal qu'il aborde les chefs
politiques, se réservant d'intervenir sur de grandes questions
de morale civique, en faveur des églises de France ou des
congrégations d'Orient qu'il visite l'été 1914. La même
année, il fait partie de la commission d'enquête nommée
à la suite de l'assassinat de Gaston Calmette par Mme
Joseph Caillaux, qui lui inspire des pages extraordinaires,
dignes de *Leurs Figures : Dans le cloaque.*

   Le 31 juillet 1914, un fanatique assassine Jaurès. Le
même jour, Barrès va s'incliner devant la dépouille de l'adversaire fraternel qu'il avait secrètement envié et aimé [2].

pour porter des fleurs aux statues de l'héroïne, et nous y avons attrapé
quelque 10.000 jours de prison (j'en puis parler avec humilité, n'étant
allé qu'aux postes de police). A partir de Poincaré, la police et la garde
nous rendirent les honneurs. C'était dix ans avant le vote de la loi
Barrès, mais Barrès avait impressionné les intéressés (Poincaré). Cette
action personnelle fut constante. L'année de sa mort, Barrès informait
encore Poincaré de sa course dans le Palatinat, de son enquête auprès
de certains paysans de Provence et toujours de manière à le déterminer.
Barrès mort, quelque chose du nationalisme de Poincaré s'est écroulé, en
découvrant l'homme de gauche. Cette action à deux degrés, cette action à distance, reste une action, elle a des conséquences fructueuses
pour le pays. » (Lettre reproduite *in extenso* dans *Barrès parmi nous.*)
[1] Les années 1904-1914 constituent le brillant et fécond sommet de sa
vie. Il est alors l'ami d'Anna de Noailles. En 1905, (après avoir publié *Au service de l'Allemagne* et terminé *le Voyage de Sparte*), il s'est
présenté à l'Académie qui lui a préféré Etienne Lamy ; quelques mois
plus tard, il a été élu au fauteuil de José-Maria de Heredia par 22 voix
sur 33, le 25 janvier 1906 : « *Trop mal traité par la politique, trop
favorisé par la littérature* » ; mais le 6 mai suivant, au premier tour
du scrutin, il est élu député du premier arrondissement de Paris qu'il
représentera jusqu'à sa mort. Il avait quarante-quatre ans et pourra
dire : « *Je n'ai pas connu d'autre jeunesse que celle du succès et la
seule vieillesse, c'est l'insuccès.* »
[2] « *Quand je pense qu'il y a chaque semaine un crétin* [...] *pour me
reprocher d'avoir salué Jaurès mort* [...] *je détestais les idées de Jaurès,
j'aimais sa personne...* » (*Mes Cahiers*).
   Cette « *pauvre bête oratoire* » l'avait séduit, « *parce qu'on se lasse
de tout, excepté de l'animalité* ». Barrès s'était pris à aimer la vitalité
de ce gros homme, sa générosité, son « *sens cosmique* », sa foi. « *Il*

La France, un instant, s'était « révélée comme une grande amitié » où Barrès voulait voir le gage de l'Union sacrée. Ne pouvant se battre, il se résolut avec ardeur à tenir ce rôle de « *littérateur du territoire* » dont on devait cruellement le railler [1]. Ses innombrables campagnes [2] témoignent qu'il avait pleinement accepté de se subordonner à l'esprit de la guerre. S'il ne subsiste pas grand'chose, du seul point de vue littéraire, de sa monumentale « Chronique de la Grande Guerre », le titre et le symbole des *Diverses familles spirituelles de la France* (1917) sont aujourd'hui passés à l'histoire. S'interrogeant sur la faillite des intellectuels au cours de la guerre, il devait écrire :

croit éperdument. » « Est-il donc si déraisonnable d'admettre que Bossuet fut un Jaurès ? » « Ce Jaurès, ce puissant esprit que je dis, que nous disons absurde, c'est une imagination reine dans les territoires de l'avenir comme d'autres dans les territoires du passé. » Et Jaurès mort ne cessa pas d'avoir sa place dans ce qu'il nommait sa « *haute ménagerie* ». Un mot qu'il lui avait entendu dire revenait toujours à sa pensée : « *Il faut tout être dans la vie.* » Et Barrès concluait : « *Il ne faut pas me demander de haïr Jaurès. Je ne le peux pas et, après examen, je ne le dois pas* [...] *Tous les inspirés, tous les fils de l'Esprit sont frères. Il ne serait pas digne de moi de méconnaître aucun d'eux... Nous jouons chacun notre jeu ; dans mon cœur solitaire, je les aime.* »
    Commentant ces lignes, Jean Guéhenno ajoutait : « On peut craindre que cette espèce des ennemis intimes ne soit en train de se perdre. »
[1] Titre mis à la mode par *le Canard enchaîné*, et divers journaux défaitistes, mais Barrès eut la coquetterie de reprendre à son compte ce « beau nom », dût Romain Rolland l'appeler « le rossignol du carnage ». « ...En temps de paix, il traînait son ennui et sa nostalgie de cimetière. Sur les tombes fraîches, il s'épanouit ; son art est en pleine fleur. Si belle que soit la fleur, je vois la tige qui sort du ventre des charniers. » (*Journal* de Romain Rolland, 1914, p. 137).
[2] Pour le port du casque aux tranchées, l'amélioration des services sanitaires, la création d'une croix de guerre, l'institution d'une œuvre des Mutilés et des Tombes, la sauvegarde des orphelins de guerre, la protection des trésors artistiques, le maintien des croix sur les tombes (que des imbéciles voulaient supprimer), etc. A la Chambre, interventions violentes contre Malvy et la « canaille du Bonnet Rouge ». Voyages en Italie et en Angleterre. Enfin et surtout, l'insistance de Barrès auprès de Poincaré fut pour beaucoup dans l'appel du Tigre, aux plus terribles heures de la guerre.

« *Anatole France, c'est le silence, Bourget se tait...
Un seul, Romain Rolland, osa. Il pêcha par orgueil, les
autres par humilité.*

» *Etrange péché* [...] *Je n'aspirais qu'à servir. Continuellement, j'ai fait une besogne inférieure...* »

Il semble que ce « *combattant de seconde zone* » ait
été victime de la littérature, surtout dans ses rares contacts
avec le front. Et la poésie dont il éprouvait le besoin de
parfumer ses images de guerre, déploie trop souvent une
pompe indiscrète, et qui paraît artificielle. Le malin Thibaudet notait qu'on pourrait tirer de *l'Union sacrée* un
« Barrès en campagne » qui ne le céderait en rien en
cruauté à « M. Taine en voyage » ; un certain 20 septembre
1914, Barrès enregistre ainsi gravement : ses visites au
château de la Rochefoucauld (« *souillé par les sales gens
d'Allemagne* »), à Montmirail où il a croisé des charrettes
d'émigrants, à Château-Thierry où il a donné des cigarettes
aux cuirassiers et joué avec un chat, à l'évêché enfin, où
il a bavardé avec l'évêque, et conclut fièrement : « *Quelle
coupe de patriotisme qu'une telle journée !*[1] ».

Passons sur les exagérations patriotiques propres à tous
les journalistes, pendant toutes les guerres[2] ! Un esprit
aussi rasséréné qu'André Gide (qui ne se battait pas) ne
fut-il pas ému au point d'écrire *Numquid et Tu* et d'adhérer
à « l'Action française » ? Il n'empêche, on ne lit pas cette
prophétie sans malaise : « *Comme ils vont être heureux,
les gens de la rive gauche du Rhin, une fois leur première
fièvre tombée, de participer de notre vie nationale et de
monter en grade, grâce à nous, dans l'échelle de la civilisation ! Dans quelques années, ils béniront leur défaite*[3]. »
Barrès demandait à la littérature nationaliste « *de s'élargir*

---

[1] *L'Union sacrée*, p. 219.
[2] On a déjà oublié le lyrisme de Lavedan, Pierre Loti... Anatole France se signala par des interviews qu'il devait d'ailleurs renier, comme
tous ses écrits de guerre.
[3] *Les Voyages de Lorraine*, p. 303.

*et de devenir capable, en débordant nos frontières, de
conquérir le monde, je veux dire de véhiculer la pensée
française à travers tous les peuples* [1] ». Mais comment le
nationalisme pourrait-il devenir un article d'exportation sans
se retourner aussitôt contre la nation qui l'exporte ? Barrès
lui-même sentait bien que « *le nationalisme manque d'infini* ».

Le dernier des *Bastions de l'Est* fut le « Génie du
Rhin », couronnement victorieux des *Bastions de l'Est,* où
il essaya de préciser ses ambitions rhénanes. Il avait salué
le retour des socialistes et de la classe ouvrière dans la
communauté nationale et il rêvait d'une réconciliation sem-
blable à l'extérieur ; n'avait-il pas songé à dissoudre la
Ligue des Patriotes ? S'interrogeant sur le rôle d'une Lotha-
ringie, détachée du vaisseau prussien pour suivre une France
redevenue le guide de l'Europe, Barrès devait reconnaître
qu'il s'agissait d' « *une monnaie fiducière plutôt qu'une
valeur ferme* ». Et les massacres de Pirmasens vinrent donner un démenti tragique au rêve barrésien de substituer à
la « *robuste, pesante, stable* » Germania casquée du Nieder-
wald une « *Jeanne d'Arc celtique et romaine* » [2].

---

[1] *L'Amitié des tranchées*, p. 251.
[2] Sans doute Barrès n'a-t-il pas su choisir entre la réconciliation franco-
allemande et l'espoir un peu vain de dégermaniser la Rhénanie. Selon
Jean de Pange, une politique fondée sur les libertés rhénanes était
possible — mais à la condition de reconnaître « la solidarité et l'inter-
dépendance des problèmes qui se posaient à Strasbourg, à Sarrebrück et
à Cologne ». Or, Barrès prenait ses exemples à l'époque où ces pays
étaient des départements français. « Etait-ce le moyen de s'entendre
avec M. Adenauer, alors maire de Cologne, alors que celui-ci s'efforçait
de provoquer un plébicite en faveur d'une République rhénane auto-
nome ? » L'esprit jacobin et centraliseur de la Révolution était-il
compatible avec le développement des libertés régionales ?
   Telle était la crainte du Docteur Bucher qui, près de mourir, dit à
Fritz Kiener : « Je crains que la France ne veuille broyer l'Alsace pour
lui imposer le moule français. »
   Et Jean de Pange de conclure : « Barrès ne pouvait se dégager du
nationalisme intellectuel dans lequel il avait vécu. Il se demandait

Du moins Barrès avait-il senti quel rôle l'Alsace, cette part d'Allemagne romanisée, pourrait jouer dans l'Europe de demain. Et quelle n'eût pas été sa joie de voir Strasbourg, où il prononça ses célèbres conférences, devenir une capitale européenne en terre française.

encore, en 1921, « *si un apport venu d'Allemagne doit faire partie de la vie spirituelle d'un honnête homme* ». Il approuva l'occupation de la Ruhr qui, considérée par les Allemands comme une violation du traité, étouffa le désir de collaboration jusque-là si répandu dans les pays rhénans. Elle tendait ouvertement au séparatisme dont l'idée même suffisait à réveiller le nationalisme allemand. C'est le 9 novembre 1923, à la veille de la mort de Barrès, qu'eut lieu le putsch de Hitler à Munich. Certains thèmes barrésiens, comme celui du sang et du sol (*Blut und Boden*) devaient être déconsidérés par les abus que la propagande hitlérienne allait en faire. »

Limites du nationalisme barrésien

« *Un nationaliste, c'est un Français qui a pris conscience de sa formation. Nationalisme est acceptation d'un déterminisme* », écrivait Barrès en tête de *Scènes et doctrines du nationalisme.*

Pour lui, la patrie c'est « *le sol et les ancêtres, c'est la terre de nos morts* », et non cette *idée*, cette notion de l'homme, de la liberté, de la justice et du droit que professait Bouteiller.

Au temps de sa jeunesse, il pensait, comme le Gide des *Nourritures* que « *ce serait un bon système de vie de n'avoir pas de domicile, d'habiter n'importe où dans le monde* [...] *je veux que chaque matin la vie m'apparaisse neuve, et que toutes choses me soient un début* [2] ». Mais il a choisi de ressusciter en lui un passé qui s'accordait

---

[1] Avant de « retrouver » cette phrase (ou du moins son équivalent, car il n'y est pas question de la *Lorraine*, mais de la *France*) dans l'avant-dernier tome des *Cahiers*, j'étais si intimement persuadé qu'elle devait correspondre au sentiment profond de Barrès, que je la lui avais attribuée d'autorité...

[2] *Un homme libre*, p. 224.

mieux à sa mélancolie romantique. Bientôt, il professera un déterminisme héréditaire écrasant : « *Il n'y a même pas de liberté de pensée. Je ne puis vivre que selon mes morts* [...] *Epouvanté de ma dépendance, impuissant à me créer...* [1]. » Un programme conservateur en découlera tout naturellement, fondé sur cette constatation que « *la plante humaine ne pousse vigoureuse et féconde qu'autant qu'elle demeure soumise aux conditions qui formèrent et maintinrent son espèce durant des siècles* ».

Sur le plan politique, Barrès s'est pourtant refusé à tirer les conséquences d'une telle définition, c'est-à-dire à se rallier à la monarchie. A Maurras, qui l'y invitait, il répondait [2] :

« *Je comprends bien qu'une intelligence, jugeant* in abstracto, *adopte le système monarchique qui a constitué le territoire français et que justifient encore tout près de nous les Bonald, les Balzac, les Le Play, le Renan d'un beau livre* [...] *De telles adhésions sont d'un grand poids dans le cabinet du théoricien. Mais dans l'ordre des faits, pour que la monarchie vaille, il faudrait qu'il se trouvât en France une famille ralliant sur son nom la majorité (sinon la totalité), la grande majorité des électeurs. Or, voilà qui n'existe pas.*

» *Et non seulement elle vous manque cette famille* [...], *mais plus encore vous manquez d'une aristocratie (corps indispensable, n'est-ce pas ? à votre monarchie traditionnelle)* [...]

» *Je ne date pas d'un siècle l'histoire de France, mais je ne puis non plus méconnaître ses périodes les plus récentes. Elles ont disposé nos concitoyens de telle sorte qu'ils réservent pour le régime républicain ces puissances de sentiment que d'autres nations accordent au principe d'hérédité et sans lesquelles un gouvernement ne peut subsister.* »

[1] *Scènes et doctrines du nationalisme*, p. 12.
[2] Dans l'*Enquête sur la Monarchie*.

Jusqu'à sa mort, Barrès resta républicain ; au contraire de Maurras, il se refusait à renier 1789. Trop perspicace pour croire à la possibilité d'une restauration, il redoutait en outre le sectarisme d'une *Action française* à laquelle il reprochait de former de « *durs petits esprits* », ce qui ne l'empêchait pas d'admirer l'esprit et le courage de Maurras. Mais à aucun moment, il n'accepta de se laisser « embrigader » par lui.

Analysant les contradictions du nationalisme barrésien, Jacques Madaule écrivait :

« Barrès avait proposé une religion commune : la religion de la patrie. Le temple lui semblait assez vaste pour que tous les Français puissent y installer tous leurs dieux. Mais cette religion nationale, au fur et à mesure que Barrès avançait en âge, lui paraissait davantage insuffisante. Elle était une prison autant qu'un abri. Il fallait l'étendre dans le sens des trois dimensions. Le Français aspire à l'universel et par là ne peut pas être nationaliste [...]

» L'art même de Barrès ne doit pas grand'chose à son nationalisme. Et pourtant il ne se peut pas qu'aujourd'hui le nationalisme français ne nous touche profondément, car il était la conscience d'une faiblesse que les événements ont fait éclater [...] Les nationalistes étaient des hommes qui désespéraient presque de la patrie [...]

» Pourtant, Barrès a senti qu'une alliance était possible entre socialisme et nationalisme. Il voyait que le prolétariat était en fait exclu de la cité par l'égoïsme bourgeois. Il fallait donc lutter à la fois sur deux fronts : d'une part contre la bourgeoisie et d'autre part contre l'Internationale. Mais les nationalistes français se recrutaient trop exclusivement parmi les classes moyennes ; celles-ci étaient trop inéduquées du point de vue économique pour qu'on pût leur faire admettre la possibilité d'une « Révolution nationale ».

» En fait, après avoir été battu sur le programme de Nancy, Barrès, sans y renoncer jamais en principe, cessa de s'en prévaloir [...] Lorsqu'il rentre à la Chambre en 1906 [...] il fait figure de conservateur [...], il était condamné au réformisme.

» Ainsi s'explique que, dès la mort de Barrès, la jeunesse se soit détournée de son œuvre [1]. »

C'est vite dit, mais l'essentiel y est. Il faut voir dans le nationalisme de Barrès beaucoup moins l'expression rigoureuse d'une doctrine qu'une capacité de musique (musique de ruines et de cimetières, sensualité de la mort, symphonie décadente sans doute, mais qui offre d'admirables accords) et une intuition douloureuse de la faiblesse française.

Au lendemain de la mort d'Amouretti, il laissait échapper ces lignes :

« *Le succès ne nous viendra pas de la manière que nous espérions. La Raison ne surgira pas casque en tête et lance au poing pour sauver l'Etat français. Mais on transformera insensiblement la mentalité nationale. Déroulède mourra sans trouver un général qui soit le soldat de la nation ; cependant, nos fils sauront honorer en lui le héros qui a prolongé la bonne volonté de la France vis-à-vis de l'Alsace-Lorraine. Drumont nous aura donné cette sorte de dignité qu'on loue chez les médecins qui notent sur euxmêmes les progrès de la mort. Les néo-monarchistes pourront disparaître comme Amouretti, sans avoir vu la restauration ; on leur saura gré d'avoir entravé le vaste effort de décomposition sous lequel chancelle la patrie.* »

Aussi Barrès accueillit-il l'Union sacrée comme une résurrection :

« On ne voit jamais ce qu'on désire trop, *disait parfois, à ses moments de mélancolie, Déroulède*. Quand je serai mort, il y aura la guerre ». *Je n'ai jamais souhaité (ce que pouvait faire un soldat comme Déroulède) les terribles*

[1] Jacques Madaule, *le Nationalisme de Maurice Barrès*, pp. 358, 264-266.

leçons de la bataille, mais j'ai appelé de tous mes vœux l'union des Français autour des grandes idées de notre race. Eh bien ! [...] la guerre [...] nous a fait déjà sentir ses forces régénératrices. C'est une résurrection. »

Mais en 1904, il avait proféré cette plainte prophétique :

« *Un jour viendra où ce seront les conservateurs qui accepteront, appelleront l'étranger. Oui, ceux qui sont aujourd'hui les patriotes, les hommes fiers, las de vivre une France amoindrie et une vie humiliée, appelleront [...] une intervention de l'étranger qui leur donne enfin la joie de participer à une grande vie collective - et nous verrons au contraire la résistance à l'étranger personnifiée par la démagogie pacifiste. »*

Il a fallu attendre 1940 pour comprendre tout le sens de cette extraordinaire anticipation.

La « Révolution nationale » a discrédité plus d'un thème barrésien : ce fut le malheur des nationalistes que d'arriver au pouvoir au prix d'une défaite. Imposé par l'ennemi, l'antisémitisme en devint plus révoltant. Mais à côté de thèmes fascistes ou fascisants - qui ne suffisent pas, d'ailleurs, à faire de Barrès le père du national-socialisme hitlérien - on en trouve d'autres qui donnent l'idée de ce que pourrait être un régime populaire, fortement décentralisé, délivré du parlementarisme, lié à la famille, au métier, à la terre.

A la fin de sa vie, Barrès réagissait lui-même contre le pessimisme systématique de la Droite qu'il avait un moment partagé. La victoire lui avait rendu l'espérance. « *Renan et Taine*, écrivait-il, *sont morts en doutant de la vitalité française* [...] *Ils désespéraient* [...] *Que ne se fiaient-ils davantage à leur cœur ? »*

Il savait qu' « *on déforme la France si l'on prétend la définir par les cadres d'un parti politique ; elle les contient tous et les harmonise. Nos radicaux les plus sectaires sortent du séminaire et leurs filles entrent au couvent. »*

De même qu'il avait peu à peu élargi son individualisme aux dimensions de sa patrie, il commençait à deviner que le nationalisme ne suffit pas à remplir une âme d'homme. « *Je sens depuis des mois,* écrivait-il, *que je glisse du nationalisme au catholicisme. C'est que le nationalisme manque d'infini.* » — « *Ah ! si j'avais pensé l'Europe,* répétait-il avant de mourir, *comme j'ai pensé la Lorraine !* »

Avant de condamner le nationalisme barrésien, n'oublions pas l'instinct qui lui donna naissance - celui de la patrie menacée :

« *O solitude pluvieuse, étroits espaces dont la France se détourne ! Il gît là pourtant assez d'âme pour former les générations qui voudraient s'en approcher, et pour émouvoir l'histoire, si le génie français survit et ne laisse pas au seul Germain le soin de la rédiger.* »

Et ce que Barrès dit des morts de Lorraine restera vrai de ceux de la Résistance : « Leur vie n'aura pas eu un sens si on refuse de le chercher dans l'éternité de la patrie française ».

V

Barrès tel qu'en lui-même

Les musiques de perdition

Il ne faudrait pas croire, toutefois, que l'action ait fini par absorber tout l'être de Barrès. En marge du combat politique, sous l'affrontement des idées, un fleuve souterrain continue à l'attirer, une musique impalpable et dissolvante le poursuit et souvent elle broie son pauvre cœur. La patrie menacée a pu requérir l'essentiel de ses forces, il n'est pourtant pas sûr qu'il l'ait plus aimée que ses rêves.

Entre le début du siècle et la Grande Guerre, Barrès a beaucoup mûri. Il a perdu sa mère [1] le 30 juillet 1901 et cette mort l'a si profondément atteint qu'il a failli renoncer à toute activité politique. Puis, en 1903, Anna de Noailles - l'Aïssé des *Cahiers* - est venue et l'a captivé. Est-ce à

---

[1] On nous permettra de citer ici l'admirable page des *Cahiers* qui évoque cette fin :

« *La chambre était ouverte sur le jardin, y communiquait par la terrasse. La journée était magnifique de soleil, d'orage. La vieille femme de l'hospice qui veillait ma mère était comme inexistante par sa somnolence, son absence, son silence. D'instant en instant j'allais l'aimer dans son jardin. Immense solitude de la maison, recueillement, tête-* ̄ *e. Elle était là ; pas morte encore, me semblait-il, en repos, sortie* ̄ *angoisse, m'y laissant, mais elle, libérée. Mon désespoir avait quel-*

elle qu'il écrivait, de Grèce, ces lignes, reproduites dans le *Voyage de Sparte* :

« *Oublies-tu, oublies-tu, nos beaux soirs dans les vallées silencieuses* [...] ?

» *Nulle parole. Nos regards perdus. Mais avec ivresse nous nous sentions captifs l'un de l'autre* [...] *Tu vas t'élever comme une flèche vers le soleil, mais quel désert autour de toi !* [...] *Oh ! mon cher miracle, je t'aime, et tu m'émerveilles autant que le premier jour* [...] *mais où veux-tu courir ? Hors de toute limite ? c'est courir au délire. Tu cherches ton propre songe* [...] *Pourtant, une amitié profonde a ses mystères...* »

Leur amour avait débuté comme un jeu, auquel Barrès peu à peu s'était laissé prendre. Mais l'exaltation d'Aïssé, « son ambition sans mesure, de sa vie la rendait incapable de donner ou de recevoir le bonheur [1]. » Barrès disait qu' « elle vous aurait fait changer vingt-six fois de religion rien que pour s'assurer de sa force ».

Songèrent-ils seulement à refaire leur vie ensemble ? En tout cas, « tous deux étaient trop personnels, trop remplis de l'idée que la nature les avait chargés d'une mission à laquelle ils devaient tout sacrifier, même l'amour [2] », pour fonder leur avenir sur un malentendu, fût-ce sur l'ivresse d'une première rencontre. Bientôt, ils cessèrent de se voir ; les regrets et l'absence empoisonnèrent leur amitié. La perfide Aïssé tourna ses flèches vers un neveu de Barrè

que chose d'une ivresse où je revenais, où je rougissais de me de m'enfoncer, car c'était du bonheur [...]

» *Je ne saurais dire ce qui m'enivrait d'amour de m n'avais jamais su le lui exprimer dans ces circonstances me libéré, sorti des cas particuliers, entré dans la vue rités : elle était ma mère jeune femme, ma mère appui que moi, ma mère avant ma naissance, moi seul...* » (Mes Cahiers, II, pp. 224-225)
1 Jérôme et Jean Tharaud, le Roman d'Aï
2 Id., p. 58.

qu'il aimait comme son fils, Charles Demange. « Pour un jeune homme ainsi fait, qui, si désireux qu'il fut de s'opposer en tout à son oncle, ne pensait qu'à mettre ses pas dans ses pas, quelle tentation de rivaliser avec lui dans un ordre de choses qui dépasse tellement celui de la littérature, d'assiéger, de conquérir, de subjuguer le cœur et l'esprit d'une femme dont Barrès était toujours épris [1]. »

Demange venait de publier un *Livre de Désir* où l'on entendait « les musiques de perdition » chères à l'auteur d'*Amori et dolori sacrum* ; mais ce premier essai, d'une poésie un peu factice, ne permettait guère de distinguer l'imitation adroite du vrai talent. « *Tout de même* », murmura Barrès, *sous ma musique il y avait autre chose...* » Ce fut un jeu pour Anna de Noailles que d'arracher le jeune homme à l'influence de l'oncle qui avait formé sa jeunesse, qu'il chérissait mais avec lequel il rivalisait au point de vouloir poser sa candidature à la députation : elle l'emmena en Sicile, puis l'abandonna, affolé de désir. Demange dit à son ami Bernardin : « Elle a détruit tout le monde en moi, et maintenant elle m'abandonne... » Le lendemain, il se tuait d'un coup de révolver : il avait vingt-six ans (1909). Cette mort épouvanta Barrès :

« *Quel spectacle ! Si je me penche sur ce cadavre, je me vois. Cette sève, je la connais. Il est un de mes « moi » tout au complet. J'ai été cet ensemble de manières de sentir et ces propulsions. Sauf ce sourire de confiance en soi, j'ai été ce malheureux personnage, cet infortuné farouche. Mais suis d'autres personnages encore. Eh bien ! s'il avait pu ... à son personnage qui voulait la mort, il aurait ... in de moi, hors de la série Barrès, dans la série ... quelque épais bandeau à se mettre sur les yeux, ce fut. ... vivre. »* Ce « bandeau sur les yeux », ce fut. ... s années, la prédication nationaliste. Quant ... s, Barrès ne lui pardonna jamais :

« *J'avais cru qu'elle était un cœur plus large et plus aimant que tous les autres : plus de bonté, plus de pitié, d'interprétation héroïque, de faculté d'ennoblir* [...]

» *Au début, on pouvait croire que c'était la poésie ou l'univers qu'elle aimerait... puis ce fût elle-même et sa propre perfection qu'elle aima. Ne lui ai-je pas trop dit qu'elle faisait la beauté des choses, de ses amours même ? Elle a été trop adulée...* [1] »

Barrès se souviendra pourtant de son amour lorsqu'il écrira le livret de sa *Musulmane courageuse*, première ébauche du *Jardin sur l'Oronte* (1922). Il aura du mal à faire accepter à ses disciples [2] comme un simple divertis-

---

[1] *Mes Cahiers*, V, p. 252.

[2] Ce fut la « sotte querelle de l'Oronte » que firent à Barrès des critiques catholiques engagés à droite, comme José Vincent, Gaëtan Bernoville et Robert Vallery-Radot. L'auteur du *Jardin* leur répondit avec esprit dans *Art et Religion* :

« *Quelle est cette étrange troupe de jeunes gens qui marchent sur nous si délibérément ? Comme ils semblent sûrs d'eux-mêmes ! Pas un regard sur les fleurs ni sur la rivière. On dirait la maréchaussée ! Mais je les reconnais. Ce sont mes amis. Ce sont les critiques catholiques* [...]

» *Sauve qui peut, mes filles. Ces messieurs ouvrent une ère nouvelle.*

José Vincent : Nous, critiques catholiques et, par la grâce de saint Thomas, seuls d'entre les critiques à savoir à fond et jusqu'au bout ce que nous voulons, avons décidé de juger les œuvres au nom de la Morale et de la Théologie. Nous venons vous dire, le cœur gros, mais le cerveau satisfait, que *le Jardin sur l'Oronte* est un mauvais livre.

Ce à quoi Barrès répond :

« *N'essayez pas de faire de l'artiste un théologien ! Vous le gâteriez et vous compromettriez la doctrine. Ramenons les choses au juste point. Il poursuit la « délectation », comme disait le vieux Poussin, qui était un esprit religieux.*

» *Je vis avec simplicité sur cette parole, qui me semble si belle, que tout ce qui est bon est chrétien. Toute bonté et toute beauté collaborent à nous rapprocher de la vérité, à nous en donner le désir, à nous mettre dans la voie de notre perfectionnement. Le Jardin sur l'Oronte n'est pas une lecture qui déprime, ou même qui rompe l'équilibre ; il dit l'inassouvissement de l'âme dans le bonheur, il éveille et déploie*

sement, un moment de détente au seuil de la mort, ce poème
en prose, inspiré des légendes franques de la quatrième
croisade, qui ressuscite en terre arabe le mythe de Tristan
et d'Yseult : Guillaume, le chevalier chrétien, et Oriante,
la belle favorite de l'Emir de Qalaat. Rien de plus inactuel
que ce livre, qui pourrait être de Loti, et qui respire une
tendresse, une tristesse inimitables. Comme nous le mon-
trent les *Cahiers,* Barrès avait longtemps médité cette légende à laquelle il donna ces couleurs de sang et d'or qu'il
aimait.

    En voici l'anecdote : Guillaume, ambassadeur des chré-
tiens de Tripoli auprès de l'Emir de Qalaat, succombe à
l'enchantement d'Oriante. Il ira jusqu'à défendre la cité
musulmane assiégée par les Francs du prince d'Antioche.
Une fois l'Emir tué, il lui succède sur le trône et dans son
lit. Mais la citadelle manque bientôt d'eau ; Oriante refuse
de fuir avec Guillaume qui finira lui-même par périr sous
les coups des Francs. Alors seulement, il comprendra qui
était l'indomptable Oriante :

    « - *Il faut connaître ce que sont les femmes, ou du
moins leurs reines. Tu peux me demander de ne plus vivre ;
c'est peut-être le devoir d'une femme de mourir avec celui
qu'elle aime ; mais, tant que je respire, il m'est impossible
de ne pas obéir à la force royale qu'il y a en moi.*

    » - *C'est cette force royale que j'aimais en toi, et c'est*

---

*nos sentiments, et il ne s'achève pas sans avoir rétabli l'équilibre de
l'âme* [...]
    » *Cette génération aurait un besoin d'absolu. Ce n'est pas cela préci-
sément qui est nouveau. Mais leur absolu à eux, qu'est-ce donc, qu'a-
t-il de si rare et que nous ayons méprisé ? Quand ils nous racontent
qu'ils sont ivres de certitude, ne dois-je pas leur demander la certitude
qu'ils ont enfin trouvée — ignorée de nous — et par quels moyens ?
Je ne demanderais pas mieux que d'en avoir une. Seulement je constate
que tous les constructeurs intellectualistes ne nous donnent que des
mots.* Nous n'attaquons pas l'intelligence. Nous constatons qu'elle ne
nous donne pas le réel, *que seules nous donnent les diverses expériences mystiques, sens du beau, sens religieux...* »

d'elle que j'ai souffert et que je meurs. N'espère pas que je n'aie pas déchiffré à la longue tes paroles rusées, ton visage trompeur et quelque chose d'âpre et de calculé sous tant de rêves exaltés et tendres. Nul ne peut passer à la portée de ton regard ou de ton imagination, plus étincelante encore, que tu ne veuilles te l'assujettir. Que de fois, Lumière de ma vie, tu m'as déplu sans que je cesse de t'admirer et de t'adorer ! Personne ne pouvait empêcher que je ne fusse à ta discrétion dès l'instant que je te connus.

» - Injuste ami, sache donc, si je t'ai fait souffrir, que je t'aimais dans chacune de mes respirations, dans mes repas, dans mon sommeil, à toutes les minutes les plus humbles de ma vie, aux plus méchantes, si tu crois qu'il en fût ; et quand je ne pouvais être ton bonheur, j'ai voulu être ton tourment, plutôt qu'absente de tes heures. Mais je ne pouvais pas consentir à déserter le premier rang. »

Ainsi, même l'amour revêt chez Barrès un accent quasi-cornélien. Ce n'est pas une femme que Guillaume croit tenir dans ses bras, mais « *un jeune héros* » auquel la présence de la mort inspire « *un surcroît de force* ».

La Colline inspirée

Barrès pouvait bien évoquer dans ses livres « *les musiques de perdition* » : lui du moins se refusait absolument à céder au poétique attrait de l'abîme. Dans *la Colline inspirée,* il fait dialoguer ces deux forces contradictoires - mystique et réalité, nature et civilisation -, mais l'impérieuse domination d'une vie réglée d'en haut a finalement raison des passions individuelles et de la délectation mortelle du néant.

La Colline inspirée - publiée d'abord dans *la Revue hebdomadaire* - parut en 1913 et les fervents du « barrésisme » (le mot avait cours depuis l'*Homme libre*) y virent une somme d'admirables symboles, et le « grand œuvre » de sa vie. Les premières pages s'ouvrent sur les invocations fameuses, sorte de stances poétiques en prose, aux « lieux où souffle l'esprit ». Peut-être l'envolée lyrique de ces pages laisse-t-elle ensuite un peu le lecteur sur sa soif. Le simple et beau symbole de la colline de Sion-Vaudémont, cette fleur de l'histoire lorraine héroïsée en mythe, masque la complexité des réactions individuelles.

La curieuse histoire des Baillard - ces trois prêtres schismatiques qui, en 1850, durent abandonner l'Institut Notre-Dame de Sion-Vaudémont - n'est traitée, ni tout à

fait comme une histoire réelle, ni tout à fait comme une
légende.

Barrès s'est fait d'abord l'historiographe de cette
étrange famille ; puis il a médité son aventure ; il l'appro-
fondit, la développe et la reconstruit à sa manière. Il en
fait le symbole du combat entre la *nature* - représentée
par Léopold Baillard, le vieux Lorrain auquel parlent les
voix de la terre, inconnues des étrangers - et l'*ordre* catholique, imposé dans ce petit coin de Lorraine par la
volonté du père Aubry. Mais lui, qui refusait la discipline
cartésienne et française enseignée par Bouteiller à ses élèves
de Nancy, admet ici la supériorité de la morale romaine.

Quelques réserves qu'on puisse faire sur la force évo-
catrice et la crédibilité romanesque de *la Colline inspirée*,
il n'est pas d'ouvrage plus instructif sur les « mythes »
barrésiens, et sur le conflit de l'ordre et de la nature -
qu'exprime le poétique dialogue de la Chapelle et de la
Prairie :

« - *Je suis, dit la prairie, l'esprit de la terre et des
ancêtres les plus lointains, la liberté, l'inspiration.*

» *Et la chapelle répond :*

- *Je suis la règle, l'autorité, le lien ; je suis un corps
de pensées fixes et la cité ordonnée des âmes.*

- *J'agiterai ton âme, continue la prairie. Ceux qui viennent me respirer se mettent à poser des questions. Le la-
boureur monte ici de la plaine, le jour qu'il est de loisir
et qu'il désire de contempler. Un instinct me l'amène. Je
suis un lieu primitif, une source éternelle.*

» *Mais la chapelle nous dit :*

- *Visiteurs de la prairie, apportez-moi vos rêves pour
que je les épure, vos élans pour que je les oriente. C'est
moi que vous cherchez, que vous voulez à votre insu.
Qu'éprouvez-vous ? Le désir, la nostalgie de mon abri. Je
prolonge la prairie, même quand elle me nie. J'ai été con-
struite, à force d'y avoir été rêvée. Qui que tu sois, il n'est
en toi rien d'excellent qui t'empêche d'accepter mon secours.*

Je t'accorderai avec la vie. Ta liberté, dis-tu ? Mais comment ma direction pourrait-elle ne pas te satisfaire ? Nous avons été préparés, toi et moi, par tes pères. Comme toi, je les incarne. Je suis la pierre qui dure, l'expérience des siècles, le dépôt du trésor de la race. Maison de ton enfance et de tes parents, je suis conforme à tes tendances profondes, à celles-là même que tu ignores, et c'est ici que tu trouveras, pour chacune des circonstances de ta vie, le verbe mystérieux, élaboré pour toi quand tu n'étais pas. Viens à moi si tu veux trouver la pierre de solidité, la dalle où asseoir tes jours et inscrire ton épitaphe.

» *Eternel dialogue de ces deux puissances ! A laquelle obéir ? Et faut-il donc choisir entre elles* [1] *?* »

Le cri du vieux Lorrain, c'était : « *Plus d'église imposée de l'étranger, mais une Eglise qui sorte de ce sol miraculeux !* » A la double question : « Qu'est-ce qu'un enthousiasme qui demeure une fantaisie individuelle ? Qu'est-ce qu'un ordre qu'aucun enthousiasme ne vient plus animer ? » Barrès répondait : « *L'Eglise est née de la Prairie, et s'en nourrit perpétuellement, - pour nous en sauver.* »

Ce mélange de conscient et d'inconscient, de hautes méditations spirituelles et d'évocations charnelles, de paganisme et de foi, semble appeler une conclusion qui reste cependant absente. C'est que le dialogue intime de Barrès ne devait pas cesser.

Nous en trouvons encore un écho dans cette « Sibylle d'Auxerre », qui ouvre *le Mystère en pleine lumière*, dernier texte auquel il ait mis la main. Il y célèbre une sibylle - symbole d'une vérité plus ancienne que le dogme.

« *O Sibylle, quelle leçon de te voir dans la cathédrale ! Méconnue ? Oui, par nous. Mais bel est bien reconnue et proclamée dans cette hiérarchie de toutes les vérités divines et humaines.* »

---

[1] *La Colline inspirée*, p. 137.

« *Sous ta poussière, tu es la terre noire tombée du ciel.* »

« *Aérolithe, chrysalide, rose de Jéricho, [...] desséchée, perdue d'apparence.* »

« *O branche morte sur l'arbre de la connaissance, tu reverdiras* [1] *!* »

[1] *Le Mystère en pleine lumière*, pp. 21-22.

La quête du Dieu caché

En dépit de son éducation catholique, Barrès est resté étranger au corps de doctrines du christianisme. Il n'a guère retenu de l'Eglise que sa liturgie, l'art avec lequel elle a su poétiser toutes les puissances de la terre : ce qu'il appelait « *le baptême de Cybèle* ». Chrétien du dehors, il aimait la « sensibilité catholique » sans adhérer à ses dogmes (position voisine de celle de Maurras, admirateur de l' « ordre » romain) et se plaisait à mêler les deux mythologies, païenne et biblique, admirant le talent avec lequel Chateaubriand faisait déjà dialoguer Eudore et Cymodocée, la terre et le ciel, « la chapelle et la prairie ». Mais lorsque l'Eglise lui parut menacée, il réalisa qu'elle était le bien le plus précieux du « legs héréditaire », et s'en fit le chevalier (tel Chateaubriand volant au secours d'une monarchie chancelante). D'où sa campagne - à la fois esthétique et morale - sur la *Grande Pitié des églises de France*, qui eut un retentissement et des résultats excellents. « *Non, je ne suis pas de ceux qui aiment dans le catholicisme une gendarmerie spirituelle ! C'est pour moi-même que je me bats*, protestait-il... *Chacun de nous trouve dans l'église son maximum de rendement d'âme. Je défends les églises au nom de la vie intérieure de chacun.* » Point de vue qui n'était plus seulement celui d'un « apologiste du dehors » (pour reprendre l'épithète que lui appliquait Pie X).

Dès 1902, Barrès avait écrit, quelques mois après la mort de sa mère : « *L'adoration du Christ, c'est la mise au point, le dégagement, l'adoration de ce qu'il y a de plus essentiel dans l'humanité : la souffrance* [1]. » « *Mes premières étapes*, constatait-il un peu plus tard, *sont faciles à déterminer ; après mon stade individualiste, puis nationaliste, il n'y a plus pour me faire de la musique que la religion.* » Car, « *pour moi, j'ai besoin d'une maison éternelle. Cette France éphémère dont je vois la naissance si proche (avec les Capétiens, pas avant), sur la mort de qui je pourrais avoir peut-être une vue, c'est trop peu. Ils me disent que j'en puis dire autant du catholicisme comme une institution humaine. Mais resteraient alors les abîmes du surnaturel où je n'ai jamais regardé.* »

Bientôt, il dépassera cette attitude d'observation sympathique pour formuler (dès 1909) cet idéal, bien différent des préceptes d'*Un Homme libre* : « *Mener une vie chrétienne. Avoir la foi. Fréquenter les sacrements* », tandis qu'il reconnaîtra : « *Je ne sais pas la vérité de la religion, mais je l'aime.* » Aussi, en mars 1914, l'Archevêque de Reims pouvait-il lui écrire : « Vous avez déjà ce que Tertullien appelait l'*anima naturaliter christiana.* »

En effet, un travail se faisait en lui, où les chrétiens ont le droit de déceler l'action de la grâce : *Le Mystère en pleine lumière* et les derniers *Cahiers* en témoignent.

Barrès n'avait pourtant pas exorcisé ses doutes métaphysiques :

« *La vie n'a pas de sens. Je crois même que chaque jour elle devient plus absurde. Se soumettre à toutes les illusions et les connaître nettement comme illusions, voilà notre rôle. Toujours désirer et savoir que notre désir, que tout nourrit, ne s'apaise de rien ! Ne vouloir que des pos-*

[1] *Mes Cahiers,* II, p. 274.

*sessions éternelles et nous comprendre comme une série
d'états successifs ! De quelque point qu'on les considère,
l'univers et notre existence sont des tumultes insensés* [1]. »

Ces lignes ne sont pas sans évoquer certaines réflexions
de Camus [2] dans *le Mythe de Sisyphe*. Mais Barrès ne se
contente pas de l'absurde, et reprenant la démarche de
Pascal, il écrit :

« *L'Homme est engangué dans la nature ; il participe
des réactions physico-chimiques du minéral ; il participe de
la vie végétative de la plante ; il participe de l'animalité.
Et puis, seul dans l'Univers, il réclame, il exige Dieu.*

» *Cette exigence, quel prodige !*

» *La Nature ne lui répond rien. Ce silence est un autre
prodige. Ce silence n'est pas une réponse. La nature écrase
Marc-Aurèle, Socrate, la vertu, la beauté. Elle passe dessus
comme un camion sur la tête de Curie. La question, la ré-
clamation subsiste. Je veux Dieu.*

» *Quel problème qu'une telle voix qui s'élève* [3] *!* »

Bientôt, il ne lui suffit plus d'invoquer la filiation de
l'Eglise, il fallut qu'il ajoutât : « *Nous sommes du Christ.* »
Paroles qui étonnèrent, mais qui témoignent du chemin
qu'il avait fait.

Nous avons quelques témoignages sur les derniers mois
de Barrès, en cette année 1923 où il fut enlevé. Il se préparait à cette mort dont il ne parlait presque jamais.
Tharaud recueillit de lui cette phrase qui fit rêver Montherlant : « *Et maintenant, je voudrais vivre dans un Escurial
de songes.* » Il avait toujours cette séduction un peu hau-
taine que n'ont jamais oubliée ceux qui l'ont approché :
cette noblesse, cette grâce courtoise dans l'accueil, ce besoin
et ce sens de la grandeur...

---

[1] *Les Amitiés françaises* (« le Chant de Confiance dans la Vie »).
[2] Camus reconnaissait d'ailleurs explicitement l'influence qu'exerça
Barrès sur ses vingt ans.
[3] *Mes Cahiers*, t. IX, p. 346.

Il devenait de plus en plus soucieux de ne pas juger des choses de la religion d'un point de vue esthétique ou sentimental, et sans doute était-il déjà chrétien de désir. Ses nouveaux « héros » étaient des mystiques : sainte Thérèse d'Avila, saint François d'Assise, Raymond de Sebonde. Un texte de saint Paul, tiré de la Première Épître aux Corinthiens, l'avait émerveillé : « J'ai planté, dit l'Apôtre, Apollos a arrosé, et Dieu lui-même a fait pousser. » (III, 6.)

Le problème du salut le hantait au point de devenir « *l'éternelle idée* » de sa vie : « *Comment faire son salut ?... Faire son salut, qu'est-ce à dire ? C'est trouver sa voie, c'est distinguer pour la réaliser son aptitude et sa mission dans le monde.* » Et il s'émerveillait de la théologie de saint François, preuve de Dieu par la nature, appel à la beauté. *(« Toujours le problème du salut. Il s'agit de produire sa fleur.* »)

« *L'homme,* constatait-il encore, *avait reçu l'empire sur tous les êtres visibles [...] Il y aspire. Pour leur bien. Il veut les aimer et en être aimé. Il a le goût, le désir de l'harmonie universelle. Tous les êtres unis entre eux et unis à lui qui les unit à Dieu. La vie de saint François est cet accord mélodieux [...]*

» *Que tous les êtres aient une âme pour répondre à la nôtre.*

» *Les frères mineurs, disciples de saint François, ont cet instinct profond de l'harmonie universelle.*

» *[...] S'il arrive au cours d'une lecture que nous rencontrions un mystique attardé le soir devant le grand ciel des astres, les mêmes mouvements qu'il avait dans le cœur éclatent dans le nôtre, et c'est encore la petite lampe du Christ qui nous éclaire le mieux le ciel.*

» *Et si je contemple le ciel, la société des astres, je veux contempler une société d'intelligence, je veux que ma pensée se dirige au milieu de grandes pensées éternelles et brillantes que je m'emploie à déchiffrer. Ces pensées de*

fièvre, elles chantent et sous leur action un chant qui remplit
mon cœur essaye de se libérer [1]. »

Et il ajoutait :

« *Faire son salut.   - C'est pouvoir prononcer en paix*
le Nunc dimittis servum tuum, Domine. »

On peut citer ici les lignes qu'il adressait au R.P.
Jalabert quelques semaines avant sa mort, et qui semblent
indiquer qu'il avait pris définitivement position :

« *Les catholiques m'ont généreusement comblé toute*
ma vie. Ils ont bien senti que j'étais leur frère, et l'un du
troupeau fidèle, que je ne mettais rien au-dessus des vertus
et des gloires de notre religion [...] *Je suis un écrivain*
français, un modeste fils de l'Esprit, qui sait, qui sent ce
que notre meilleure civilisation doit à l'impulsion du Christ
et de l'Eglise, et lui doit chaque jour. »

Il semble qu'il ait eu, bien qu'encore en pleine force,
l'intuition de sa fin prochaine :

« *Je m'achemine,* avait-il écrit dès 1910, *vers la fin*
du petit poème de ma vie. Les strophes les plus brillantes
sont déjà récitées. Combien en reste-t-il à dire ? Trois ou
quatre. Peut-être une seule. Mais celle-ci, d'un accent plus
grave, c'est elle qui donnera tout son prix à l'ensemble et
qui pourrait, d'une chanson médiocre, soudain faire un
chef-d'œuvre. Puisqu'il faut mourir, je voudrais mourir pour
vivre, et par ma mort m'assurer une survie. »

C'est à Tharaud qu'il dit, douze ans plus tard : « *Le*
temps des jeux est passé. La vie est trop courte, et j'ai tant
de choses à dire. Il me faudrait vingt ans pour écrire tout
ce que j'ai dans l'esprit, et bientôt, la mort va me prendre. »

Depuis toujours, il aimait entre toutes « *ces œuvres*
mystérieuses des grands artistes devenus vieillards, le Second
Faust *de Goethe, la* Vie de Rancé *de Chateaubriand, et le*
bruissement des derniers vers d'Hugo, quand ils viennent

---

[1] *Mes Cahiers,* XIII, *passim.*

du large s'épandre sur la grève [1]. » Il songeait alors à écrire
le roman du « Génie du Rhin » qui aurait été le pendant
et l'apothéose du *Roman de l'énergie nationale,* et sans
doute, - car il avait l'intention de retourner en Espagne
sitôt les élections de 1924, - un ouvrage sur Zurbaran ; des
études sur Pascal, sur Descartes, sur Jeanne d'Arc, sur
sainte Thérèse d'Avila ; surtout, nous aurions eu ses *Mémoires,* commencés quelques semaines avant sa mort.

« *Je désirerais avant de mourir donner une idée de
toutes les images qui m'ont le plus occupé. A quoi corres-
pond cet instinct qui est la chose du monde la plus ré-
pandue ? C'est, je crois, l'effet d'une sorte de pitié qui
nous pousse à attester notre gratitude envers ce que nous
avons de plus beau, au long de notre existence. On veut
se définir, payer ses dettes, chanter son action de grâce* [...]

» *Il ne s'agit pas que je peigne des tableaux, je suis
las de tout cela, mais je désire connaître quels enseignements
j'ai su tirer de ma vie, comment j'ai mûri et j'ai progressé* [...]

» *Je m'aperçois qu'au jour le jour j'ai désiré que ma
vie fût un poème* [2] *... »*

Barrès, au seuil de la mort, jette un dernier regard sur
son enfance ; il tente de jauger l'ambition sur laquelle il a
construit sa vie : « *Une maîtresse, la gloire, mais tout de
même, que c'était court* [...] *La faiblesse de mon enfance
et de ma jeunesse a été de ne pas connaître d'hommes supé-
rieurs. C'est d'eux que j'avais soif et faim* [3]. »

« *Pourquoi je voulais Paris et la vie d'écrivain ?*

» *Aucune raison claire et forte, une invincible orientation, comme l'oiseau. Mais nulle raison raisonnable, nulle
idée claire de mes lendemains, pas même un plan de
travail. C'était mince, mais invincible* [4]. »

---

[1] *Greco, ou le Secret de Tolède,* p. 154.
[2] *Mes Cahiers,* I, p. 3.
[3] *Mes Cahiers,* t. I, pp. 25-26.
[4] *Mes Cahiers,* id., p. 31.

« *Toute ma vie, j'ai été sur une fausse piste par désir de me nourrir l'esprit. Et puis par le goût de l'harmonie sans pensée. C'est l'entre-deux qu'il m'eût fallu* [1]. »

Au moins pourra-t-il conclure :

« *J'ai fait l'unité. A moins que, plus simplement, je n'aie accordé mon art désintéressé avec mon ambition intérieure. C'est mal dit. Accordé mon goût du beau avec mon goût du succès* [2]. »

L'été 1923, comme chaque année depuis la fin de la guerre, il avait pris la parole aux cérémonies commémoratives des combats d'août 1914. Revenu à Paris, il y publiait ses trois études sur *Pascal, Dante* et *Renan,* puis, le 28 novembre, *Une enquête aux pays du Levant,* dédiée à Gabriele D'Annunzio.

Cependant, il notait dans son journal : « *Il est temps que je règle mes affaires.* » Il mourut presque subitement, un mardi soir, le 4 décembre 1923, après une heure et demie de souffrances. Il avait soixante-deux ans.

---

[1] *Mes Cahiers,* I, p. 37.
[2] *Mes Cahiers,* I, pp. 49-50.

Epilogue pour un centenaire

Dans une page somptueuse des *Princes lorrains* [1], Thibaudet évoque Barrès étendu sur son lit, en frac, sans une décoration, veillé dans son hôtel du Bois par une douzaine d'écrivains dont l'aîné était Bourget et le cadet Montherlant.

« C'étaient tous ceux qui avaient subi son action, bénéficié de sa sagesse, senti en étincelles, en inquiétude et en plaisir le frémissement de son génie. Puis une foule arrivait. On voyait des académiciens dans le salon, des reporters dans les couloirs. Les phares d'automobiles, dévalées de l'Elysée et du quai d'Orsay, nous jetaient des pinceaux de lumière. Ensemble, nous songeâmes à ouvrir un livre. C'étaient *les Déracinés*. Celui qui lisait le mieux nous lut le chapitre sur la mort, la veillée, les funérailles de Victor Hugo. Pendant qu'il lisait, la bibliothèque se peuplait silencieusement. Il y avait des êtres à un nombre pair de dimensions, deux ou quatre, sur lesquels nous mettions des noms, Péguy, Proust. Les livres vivaient, et toutes leurs feuilles tremblaient musicalement comme un arbre infini. Le maître, ici, n'était plus l'homme de soixante ans, étendu ailleurs et qui, pour la première nuit de sa vie, ah ! oui de sa vie !

[1] Grasset, 1924.

habitait en autrui. D'un espace fragile de lumière s'écar-
taient un instant quarante ans de nuages, et nous nous
sentîmes chez Sturel, jeune, ardent, en cette même nuit où
l'Occident pour lui se confondait avec un catafalque étoilé
sous l'Arc de Triomphe, l'Orient avec la tiède approche
d'Astiné ; de l'Orient à l'Occident, l'espace d'un jour d'or
et d'une carrière de soleil. »

De cette veillée funèbre aux accents d'épopée - cou-
ronnée, à Notre-Dame, le 6 décembre, par les obsèques
nationales, célébrées en présence du Chef et des grands
Corps de l'Etat - au *Purgatoire* que lui infligèrent, presque
immédiatement, ses survivants, il y a loin. Barrès méritait-il
« et cet excès d'honneur et cette indignité » ? A la veille de
son centenaire, la question mérite au moins d'être posée.

* * *

Dès le lendemain de la Grande Guerre, on vit se retourner la conjoncture qui avait porté Barrès au pinacle.
On ne lui pardonna pas d'avoir écrit : « *J'ai foi dans les
vertus régénératrices du fer et du feu pour les peuples
déchus, avilis, résignés à n'avoir plus d'histoire. S'ils meu-
rent de l'opération, tant mieux !* » et de s'être écrié, le jour
de la déclaration de la guerre : « *C'est une résurrection* [1] *!* »

Quelques mois avant sa mort, les surréalistes avaient
instruit son procès, en public (le 13 mai 1922) devant un
tribunal présidé par André Breton, Georges Ribemont-
Dessaignes étant l'Accusateur public, Louis Aragon et
Philippe Soupault assurant la défense. Barrès était inculpé

---

[1] Phrase qu'éclaire d'ailleurs son contexte : ce n'était pas la guerre,
mais l'Union Sacrée (cf. p. 84) que Barrès avait saluée comme une
« résurrection » : « *Je n'ai jamais souhaité (ce que pouvait faire un
soldat comme Déroulède) les terribles leçons de la bataille mais j'ai
appelé de tous mes vœux l'Union des Français autour des grandes idées
de notre race. Eh bien ! avant même qu'elle ait jeté sur notre nation
sa pluie de sang, la guerre, rien que par ses approches, nous fait sentir
ses forces régénatrices. C'est une résurrection.* » (*Mes Cahiers*).

« d'attentat à la sûreté de l'esprit ». Parmi les témoins cités, Tristan Tzara déclara : « Barrès est la plus grande canaille qui s'est produite en Europe depuis Napoléon. » Drieu, lui, fut plus réservé.

L'avant-garde littéraire ne devait jamais réviser cette condamnation à laquelle Sartre devait donner un épilogue d'une ironie un peu lourde[1]. Au moment du vingt-cinquième anniversaire de sa mort, résumant l'opinion de sa génération, répudiant les « raffinements frelatés » de l'*Homme libre*, Mme Claude-Edmonde Magny put écrire que l'œuvre de Barrès était « enfin rentrée dans le néant » dont elle n'aurait jamais dû sortir[2]. A ce moment, M. Jean Larnac n'hésitait pas à conclure :

« Si j'osais me servir d'un mot dur, en apparence inadéquat, c'est « raté » qu'il me faudrait choisir pour définir Barrès. En un sens, la prédiction de Taine ne s'est pas réalisée. « Ce jeune M. Barrès n'arrivera à rien, écrivait-» il à Paul Bourget, car il est sollicité par deux tendances » absolument inconciliables, le goût de la méditation et le » désir de l'action ». Mais si l'on donne au mot « rien » son sens profond, comment ne pas souscrire le jugement du critique ?...

» Je vois en Barrès un clerc qui trahit sa fonction pour se soumettre à la discipline exigée par une classe en déclin, un Julien Sorel rendu timide par le respect des convenances et le goût de la bonne renommée, un Borgia de comédie, qui consentit à devenir valet. Que voulut-il être ?, pourrait-on demander en parodiant le mot célèbre. Tout. Qu'en reste-t-il ? Rien. »

---

[1] *La Nausée.*
[2] Réponse à l'enquête de la *Gazette des Lettres* (1949). Mme Cl.-Edm. Magny déclarait « difficilement imaginer lecture moins nourrissante pour l'âme, et finalement plus appauvrissante et plus débilitante que celle de cette œuvre insigne par une incohérence complaisante de la pensée et une absolue sécheresse spirituelle ; œuvre enfin rentrée dans le néant dont il est regrettable qu'elle soit jamais sortie. »

C'était reprendre le verdict de Léon Bloy : « Il est difficile d'être rien du tout avec plus de perfection ou de profondeur, et de débobiner le néant avec plus de verve et de pétulance. »

A dire vrai, la plupart des critiques contemporains de Barrès se placent plus sur le plan de la critique morale et sociale que sur celui de la critique littéraire. Ils vouent Barrès aux gémonies pour des raisons inverses de celles qui firent de lui, aux beaux jours de l'*Action française,* un héros national. C'est sur son engagement politique qu'on le juge, non sur la qualité de son œuvre ni sur les problèmes qu'elle pose. Nous avons cité plus haut un critique marxiste. Mais tel religieux d'aujourd'hui souscrirait à cette condamnation [1].

De tous les disciples de Barrès, l'un des plus lucides semble avoir été Léon Blum.

« A une société [...] froidement sceptique, Barrès venait apporter une pensée [...] toute chargée de métaphysique et de poésie provocante, toute frémissante d'orgueil et de domination [...] Toute une génération, séduite ou conquise, respira cet entêtant mélange d'activité conquérante, de philosophie et de sensualité [...] elle crut avoir trouvé son maître, son modèle et son conducteur. »

[1] C'est ainsi que le R.P. Blanchet m'écrivait : « *Barrès fut tout pour nous, il n'est plus rien. Celui qui s'était promis de « donner un sens à sa vie » et qui est mort en disant que « la vie est absurde », est certes proche de nous. Mais ce mal, il a cru pouvoir l'enchanter, quand nous ne pouvons plus qu'en souffrir, ou en guérir. L'ironie, exquise, que Barrès a héritée de Renan et qui a empoisonné de doute ses affirmations les plus clairvoyantes, fait de ses plus beaux « morceaux » des bouquets flétris. Barrès a orné la mort, et c'est bien cela qui nous éloigne de lui. Faire belle figure dans une décadence ne nous tente guère : nous préférerions affronter l'apocalypse.*
» *Barrès n'a jamais guéri de l'esthétisme, divinité frivole.* « Qualis artifex pereo », *a-t-il dit au moment d'aborder les rivages sans imprévu du nationalisme, mais l'esthète changeait seulement l'air de son éternelle chanson. Il a fait de très jolies choses, avec la Lorraine, la patrie, la religion. Il chiffonnait. Art de modiste. Etc.* » (Témoignage reproduit dans *Barrès parmi nous,* 1952.)

Mais, songeant sans doute à Jaurès, l'auteur du *Mariage* ajoutait : « Je suis bien sûr que l'homme qui aurait entendu battre avec la sienne la pensée de sa génération, qui aurait agi, qui aurait trouvé comme il l'a dit des compagnons dans cette débauche, sentirait à sa tristesse un autre son. Ces admirables lamentations [...] elles sont le cri de la solitude [1]. »

Gide, qui, déjà, tendait à s'affirmer comme l'*Anti-Barrès*, allait bientôt stigmatiser « sa pernicieuse, sa déplorable influence ». « Il n'y a pas eu de plus néfaste éducateur et tout ce qui reste marqué par son influence est déjà moribond, déjà mort. On a monstrueusement surfait ses qualités d'artiste ; tout ce qu'il a de meilleur ne se trouve-t-il pas déjà dans Chateaubriand ? Rien ne montre mieux ses limites que ces *Cahiers* qui, à cet égard, sont d'un puissant intérêt. Son goût de la mort, du néant, son asiatisme ; son désir de popularité, d'acclamation, qu'il prend pour amour de la gloire ; son incuriosité, son ignorance, ses dédains ; le choix de ses dieux ; mais ce qui me déplaît par-dessus tout : la mièvrerie, la molle joliesse de ses phrases, où respire une âme de Mimi Pinson [2]. »

Selon Gide, Barrès est un homme que l'Asie attire, mais qui renie ses désirs et se fabrique des idoles : la terre, les morts. Pourtant, comme le fait remarquer Mauriac, « ce

[1] *Gil Blas,* 23 mars 1903.
[2] André Gide, *Journal,* p. 971 (Bibl. de la Pléiade) : Il est vrai que, dans le même *Journal,* Gide, parfois, confesse son admiration : « Dans ce XIe *Cahier,* les beautés abondent. La connaissance et l'acceptation de ses limites, de ses manques, de ses faiblesses (souvent il se les exagère) donnent à ces pages un accent qui saisit le cœur. Et comment ne point admirer l'expression, presque toujours parfaite, d'une volonté si constamment appliquée à obtenir de soi le meilleur ? Quelle sincérité dans ces aveux : « *Je vois ce qu'il y a de chimérique dans mes rêves. A vingt ans, je ne savais pas cela... Mes rapports avec le monde sont beaucoup moins nombreux que je ne l'imaginais quand je rêvais le pouvoir, la gloire, les femmes...* » Son ambition, c'est seulement lorsqu'il la résigne que peut naître ma sympathie. » (pp. 1064-1065).

qui nous importe aujourd'hui, ce n'est pas la doctrine barrésienne dont les insuffisances sautent aux yeux, mais le
constant effort de Barrès pour se dépasser. Ce besoin est
en lui chaque jour plus exigeant ; il ne se suffit pas à lui-
même ; et il eût été un tricheur, justement, s'il avait agi sans
en tenir compte. Jamais, d'ailleurs, Barrès n'a nié son
penchant pour le rêve, ni pour la dissolution de l'être. Ce
goût, il n'a même pas prétendu le détruire en lui, simplement en demeurer le maître.

» Barrès, qui n'était qu'un chrétien de désir, bien loin
d'irriter Gide, devrait le séduire, puisqu'il ne sacrifie aucune
de ses tendances opposées, qu'il orchestre leurs voix ad-
verses. En somme, là où Gide a échoué, Barrès réussit en
nous donnant, toujours, le total de lui-même. Barrès a passé
sa vie, pour ainsi dire, à s'accorder. Gide, au contraire,
s'établit dans le désaccord...

» Et pourtant, dût l'adversaire en triompher, il faut
reconnaître que, si la mort n'avait interrompu la marche de
Barrès vers le catholicisme, il aurait dû renoncer à cette
orchestration si humaine et si belle des voix opposées de
son âme. Oui, Barrès aurait dû choisir... »

La leçon de Barrès est, en effet, là : il a voulu construire son Moi en faisant servir à son propre dépassement
les forces qui menaçaient de l'anéantir. Il savait qu'à « certain philtre on ne fait pas sa part, une fois qu'il s'est glissé
dans nos veines. »

« Qui n'aimerait à perdre pied, à lâcher les joncs de
la rive, à s'abandonner au fort courant de tristesse qui nous
violente pour nous faire son jouet, nous engloutir à demi,
nous entraîner en quelques heures sur de longs espaces de
siècles. Dans ces courses immenses et tandis que le fleuve
nous fait franchir les bornes normales d'une destinée individuelle, nous sommes baignés, recouverts, envahis, saturés
par des milliers d'existences dont le terne langage ne peut
rendre les puissances, les tumultes, l'intarissable flux. Je
n'ignore pas ce qu'une telle émotivité suppose de roman-

*tisme dans l'éducation et dans le tempérament. Mais, pré-
cisément, nous voulons la régler. A persister dans la route
où nos pères du dix-neuvième siècle nous ont engagés, nous
prétendons pourtant redresser notre sens de la vie. Nous
croyons trouver une discipline dans les cimetières où ils
s'égaraient* [1]. »

On peut critiquer cette morale volontaire qui prétend
redresser une sensibilité « décadente ». Mais l'on ne peut
rester insensible à cette admirable langue, à cette musique
qui nous invite à vibrer avec « *tout ce qui s'émeut dans les
peuples, le long des siècles* [2] », même si nous savons qu'il
nous faudra mourir « *sans avoir rien possédé de la vie que
la suite des chants qu'elle suscite dans nos cœurs* [3] ».

*Toute Licence sauf contre l'Amour... Comprendre la
direction de l'univers et la vie qui emporte les êtres... Seuls
verront loin les passionnés...* Comme les intuitions et les
mépris du jeune Barrès sont plus proches de nous que les
constatations désabusées de sa maturité !

Est-ce une raison pour rayer son œuvre de notre littérature et son nom de notre histoire comme ces petits cancres
satisfaits qui affirment hautement n'avoir pas perdu à lire
ses livres le temps qu'ils consacrent aux romans de la *Série
noire* ? Et qui donc, parmi nos contemporains, a su remplir
sa place [4] ?

On a pu croire que Barrès mettait un point final à la
sensibilité romantique comme à l'égotisme ambitieux du

---

[1] *Mes Cahiers,* t. III, pp. 72-73.
[2] *Sous l'œil des Barbares,* p. 160.
[3] *Les Amitiés françaises,* p. 250.
[4] On remarquera cependant que Barrès n'a pas manqué d'héritiers
immédiats : un influx nerveux barrésien anime une part de l'œuvre
de Mauriac et de Montherlant, de Bernanos et d'Aragon. Le destin de
Malraux n'est pas sans faire songer au sien. Mais aujourd'hui, on ne
voit plus d'œuvres où l'on retrouve encore son écho : *Heureux les
Pacifiques* de Raymond Abellio me paraît être une exception.

XIXᵉ siècle, mais le mal du siècle recommence avec chaque
génération. Au lendemain d'une défaite combien plus dé-
moralisante que celle de 1870, d'autres enfants humiliés,
sont entrés dans la vie sous le signe de l'Absurde. Nés dans
un pays qui, depuis vingt ans, n'a pas cessé d'être en guerre,
démoralisés, « démystifiés », convaincus par leurs maîtres
qu'ils ont été créés « pour rien », qu'ils sont « de trop »
dans un monde « absurde », qui leur rendra la foi dans leur
destinée, qui leur donnera le courage d'aimer ?

   « *L'éducation de l'âme, c'est la grande affaire* [...]
*Il s'agit pour chacun de nous qu'il trouve en soi la source
cachée de l'enthousiasme. Il s'agit que chacun devienne lui-
même à la plus haute puissance* [1]. »

   Ces paroles n'ont pas cessé d'être actuelles et sont
d'autant plus nécessaires que nous ne les entendons plus.

   Barrès nous a donné une œuvre constamment en prise
sur la vie ; une œuvre qui n'a rien rapetissé, rien avili,
rien abdiqué de sa jeune ferveur. Tirons un trait sur sa
vie publique, où il est resté en deçà de ce qu'il aurait pu
accomplir. Mais son destin prouve qu'il était resté fidèle
à son Moi profond, à l'anxieuse prière de son premier livre :

   « *Toi seul, ô Maître* [...] *si tu existes quelque part,
axiome, religion ou Prince des Hommes, je te supplie que,
par une suprême tutelle, tu me choisisses le sentier où
s'accomplira ma destinée.* »

                           Les Porteaux, août 1940
                           Paris, décembre 1961

---

[1] *Les Amitiés françaises.*

Le sacrifice de Claude Barrès
(1925-1959)

Barrès avait rêvé d'une vie d'homme d'action, la vie d'un héros lui paraissant d'«un plus grand enseignement que la parole d'un maître». Son fils, Philippe, engagé volontaire, romancier de *La Guerre à vingt ans,* devait prolonger ses ambitions littéraires et politiques. Claude, le petit-fils, ivre d'aventure, de violence et d'action, ne voulut être qu'un soldat [1].

Né en 1925, il grandit dans cette période déprimante de l'entre-deux-guerres, où la France, les yeux bandés, glissait à l'abîme. Lorsque, dans le Bordeaux de l'armistice, il retrouve son père, c'est pour s'écrier : « C'est ça ton pays ! je te l'abandonne ! » A New York, où il s'exile, il ne peut supporter « l'idée que Granny et grand-père sont en terrain occupé et que, par-dessus le marché », il se trouve loin des combats. Il accourt à Londres, s'engage dans les *Forces Françaises Libres.* Gaston Palewski décèle en lui «une sorte de lutte intérieure. Son hérédité le vouait à mener une vie d'intellectuel et pourtant, de toute sa personne, semblait jaillir le refus d'une vie contemplative, une aspiration ar-

[1] Cf. Pierre Lyautey, *Un héros révolté : Claude Barrès.*

dente à l'action. » Claude entre à l'Ecole des Cadets de
Ribbesford (le Saint-Cyr des FFL). Parachuté en France
le 15 août 1944, il se bat en Hollande.

Démobilisé trop vite pour son gré, il ne s'habitue pas
à la vie civile. Renonçant à ses galons d'officier, il s'engage
dans la Légion : trois années de campagne en Indochine,
deux citations. La guerre de Corée éclate, il s'y précipite.
Grièvement blessé, après de nombreuses actions d'éclat,
plusieurs fois cité, décoré, il repart encore pour l'Algérie,
où il trouve une mort glorieuse dans le Djebel Harraba,
le 26 mai 1959.

Avec lui s'achève la destinée des Barrès. A son père,
qui invoquait le patrimoine à conserver en lui disant fa-
milièrement : « Tu vas finir par casser notre boutique »,
Claude répliquait : « Cela, c'est mon affaire... Enfin, père,
est-ce ma peau ou la tienne ? » La vie facile des capitales
l'excédait : « J'ai déjeuné ce matin chez *Maxim's*, ce temple
charnel aux banquettes de velours grenat. J'ai ressenti devant
ces carcasses d'hommes enrichis, finis, mais qui en écrasent
encore d'autres, l'amertume du souvenir de mes amis tués...
Mon pistolet chargé est sur ma table. Il est ma seule source
de fierté. Il a probablement tué des hommes qui valaient
mieux que moi ; mais, jusqu'ici, j'ai eu l'énergie de ne pas
m'en servir contre moi. Voilà un an que j'essaie de m'adapter à cette vie, où je ne réussis pas à comprendre l'échelle
des valeurs. » Mais à l'armée, en pleine brousse, il se sent
chez lui : « C'est ici qu'est ma liberté, dans ce domaine où
personne n'a rien, où l'on se donne tout. Chacun porte sa
vraie richesse en soi, et le sait, d'où le respect de l'individu. » Encore souffre-t-il d'être officier : « Chef de bande,
voilà qui eut été idéal. » Ici, Claude Barrès, révolté contre
son siècle et contre les hiérarchies établies rejoint les grands
aventuriers du XXe siècle : un Malraux, un Lawrence
d'Arabie, un Von Salomon...

Barrès aurait aimé cela. Mais aurait-il voulu de ce
destin pour un des siens ?

Chronologie

19 août 1862   Naissance de Maurice Barrès à Charmes-sur-Moselle (Vosges), rue des Capucines.

1870   Occupation de Charmes par les Allemands.

Octobre 1872   Entrée au Collège libre de la Malgrange.

1877-1880   Lycée de Nancy (Philosophie avec Burdeau).

1882   Barrès arrive à Paris.

1883   Bourget publie les *Essais de psychologie contemporaine*.

1884   *Les Taches d'encre* (4 numéros).

1885   Mort de Victor Hugo.

1886   Barrès se lie avec Bourget et Maurras ; fréquente Leconte de Lisle, les Goncourt, Berthelot, les Daudet, etc.

1887   Janvier-avril : Premier voyage en Italie, séjour à Florence, Rome, Sienne, Venise et Ravenne. Affaire Schnaebelé.
Débuts du boulangisme.

1888   *Sous l'œil des Barbares*.

1889   *Huit jours chez M. Renan, Un homme libre*.
Barrès est élu député boulangiste de Nancy, sur un programme socialiste et révisionniste.
Exposition Universelle.
Bergson publie l'*Essai sur les données immédiates de la Conscience*.

1891   *Le Jardin de Bérénice, Trois stations de psychothérapie*.
Septembre : suicide du général Boulanger.

1892   Premier voyage en Espagne.
L'Ennemi des lois.
Faillite et scandale de Panama.

1893   Barrès, qui vient d'épouser Mlle Paule Couche, n'est pas réélu à Nancy.
Mort de Taine.

1894 *Du sang, de la volupté et de la mort, Une journée parlementaire.*
      Fonde et dirige « La Cocarde » (journal nationaliste).
      Décembre : Condamnation du capitaine Dreyfus.

1896 Battu aux élections à Neuilly. S'installe boulevard Maillot, où
      naît son fils Philippe.
      Mort de Verlaine.

1897 *Les Déracinés.*
      Gide publie *les Nourritures terrestres.*

1898 Barrès battu aux élections à Nancy (ballottage).
      Mort de son père.
      J'accuse ! de Zola.
      Barrès participe à la fondation de la « Ligue de la Patrie Fran-
      çaise ». Conférence sur « la Terre et les Morts ».
      Novembre : Fondation de « l'Action Française ».

1900 *L'Appel au soldat.*
      Avril-mai : voyage en Grèce.

1901 Barrès perd sa mère et quitte la « Patrie Française ».

1902 *Leurs figures, Scènes et doctrines du Nationalisme.*
      Séjour en Italie, puis à Tolède. Battu à Paris aux élections.
      Collabore à la presse nationaliste.

1903 *Amori et dolori sacrum, Pages lorraines, les Amitiés françaises.*
      Battu à nouveau aux élections (révision du procès Dreyfus).
      Séjour à Amphion avec Anna de Noailles.
      Barrès est invité à aller faire des conférences à l'Université
      Harvard (Etats-Unis).

1904 Voyage en Italie. Visite à Mistral. Barrès est battu à l'Académie
      par Etienne Lamy.
      Série de brochures (« De Hegel aux cantines du Nord », « Une
      visite aux champs de bataille », etc.).

1905 *Au service de l'Allemagne.* Séparation de l'Eglise et de l'Etat.
      Coup de Tanger.

1906 Barrès est élu à l'Académie au siège de José-Maria de Heredia.
      Elu député du 1er Arrondissement de Paris (toujours réélu
      depuis).
      Le Voyage de Sparte.

1907 Voyage en Egypte. (Activité incessante : discours, brochures,
      préfaces, conférences, interviews.)

1908 Proteste à la Chambre contre le transfert des cendres de Zola
      au Panthéon.

1909 Affaire Thalamas.
      Août : suicide de Charles Demange.
      Colette Baudoche.

1910 *Autour de Jeanne d'Arc, l'Angoisse de Pascal, l'Adieu à Moréas.*
      Collaboration à de nombreux journaux (« Echo de Paris »,
      « Gaulois », « Eclair », « Figaro », « La Patrie », ...).

1911 *Gréco ou le Secret de Tolède.*
      Nombreuses interventions à la Chambre et dans le pays en fa-
      veur des églises qui s'écroulent.

1913 *La Colline inspirée.*

1914 *La Grande Pitié des églises de France.*
      Mars : membre de la Commission d'enquête sur l'affaire Ro-
      chette.
      Dans le cloaque.
      Mai-juin : Voyage en Orient (Alexandrie, Syrie, Asie Mineure,
      Constantinople).
      Président de la Ligue des Patriotes.
      Barrès se rend le 1er août au lit de mort de Jaurès. Reste à
      Paris en septembre.
      Article quotidien dans « L'Echo de Paris » (leur réunion for-
      mera la *Chronique de la Grande Guerre*).

1916 Voyages en Angleterre et en Italie.
      Brochures : « Les traits éternels de la France », « L'Ame fran-
      çaise et la guerre », « L'Amitié des tranchées », etc.
      Multiples préfaces et conférences. Interventions à la Chambre.

1917 *Les Diverses Familles spirituelles de la France.*

1918 Novembre : Barrès assiste aux cérémonies organisées pour l'en-
      trée des troupes françaises en Alsace-Lorraine.

1919 Barrès est élu à Paris, en tête de la liste du Bloc National (avec
      Millerand).
      Campagnes sur « la grande pitié des laboratoires » et pour
      l'autonomie rhénane.

1920 Conférences à l'Université de Strasbourg, sur le « Génie du
      Rhin ».

1922 Début des *Mémoires, la Grande Pitié des laboratoires, le Pau-
      vre de M. Pascal, Baudelaire et Delacroix, la Sibylle d'Auxerre.*
      Voyage en Orient.
      Lutte pour « une politique rhénane ».

1923   *Un jardin sur l'Oronte, Une enquête aux Pays du Levant, le*
       Mystère en pleine lumière (inachevé).
       Barrès meurt subitement le 4 décembre.
       Obsèques nationales, le 6, devant le Président de la République
       (Aristide Millerand), le maréchal Foch, en uniforme, tenant
       un des cordons du poële.

Bibliographie

Œuvres de Maurice Barrès

(à la librairie Plon)

Le Culte du moi

Sous l'œil des Barbares (1888).
Un homme libre (1889).
Le Jardin de Bérénice (1891).

Le Roman de l'énergie nationale

Les Déracinés (2 volumes, 1897).
L'Appel au soldat (2 volumes, 1900).
Leurs figures (1902).

Les Bastions de l'Est

Au service de l'Allemagne (1905).
Colette Baudoche (1909).
Le Génie du Rhin (1920).

Huit jours chez M. Renan (1889).
L'Ennemi des lois (1893).
Du sang, de la volupté, de la mort (1894).
Scènes et doctrines du nationalisme (2 volumes, 1902).
Amori et dolori sacrum (1903).
Les Amitiés françaises (1903).
Le Voyage de Sparte (1906).
Gréco ou le secret de Tolède (1911).
La Colline inspirée (1913).
La Grande Pitié des églises de France (1914).
Les Diverses Familles spirituelles de la France (1917).
N'importe où hors du monde (1921).
Un jardin sur l'Oronte (1922).
Une enquête aux pays du Levant (2 volumes, 1923).

Chronique de la Grande Guerre

Tome I	(1920).	Tome VIII	(1922).
Tome II	(1920).	Tome IX	(1922).
Tome III	(1921).	Tome X	(1923).
Tome IV	(1921).	Tome XI	(1923).
Tome V	(1921).	Tome XII	(1923).
Tome VI	(1922).	Tome XIII	(1924).
Tome VII	(1922).	Tome XIV	(1924).

Œuvres posthumes et divers

Dante, Pascal et Renan (1923).
L'Angoisse de Pascal (1923).
Les Maîtres (1927).
Les Missionnaires africains de Lyon (1923).
Faut-il autoriser les congrégations? (1923).
Souvenirs d'un officier de la Grande Armée, publiés par Maurice Barrès, son petit-fils (1923).
Les Amitiés Françaises (1924).
Le Cœur des femmes de France (1928).
Les Frères des écoles chrétiennes (1923).
Pour la haute intelligence française (1925).
Le Mystère en pleine lumière (1926).
N'importe où hors du monde (1948).
Le départ pour la vie (1961).

Mes cahiers

Tome I	(1896-1898)	Tome IX	(1911-1912)
Tome II	(1898-1902)	Tome X	(1913-1914)
Tome III	(1902-1904)	Tome XI	(1914-1918)
Tome IV	(1904-1906)	Tome XII	(1919-1920)
Tome V	(1906-1907)	Tome XIII	(1920-1922)
Tome VI	(1907-1908)	Tome XIV	
Tome VII	(1908-1909)	et dernier	(1922-1923)
Tome VIII	(1909-1911)		

Principaux ouvrages
consacrés à Maurice Barrès

J.-J. Tharaud, *Mes années chez Barrès,* Plon, 1928 ; *Pour les fidèles de Barrès,* Plon, 1944 ; *le Roman d'Aïssé,* Plon, 1951.

Albert Thibaudet, *la Vie de Maurice Barrès,* Gallimard, 2 vol.

Pierre de Boisdeffre, *Métamorphose de la Littérature, I, de Barrès à Malraux,* Alsatia, 1950 ; *Barrès parmi nous,* Amiot-Dumont, 1952 ; *Des Vivants et des Morts,* Editions Universitaires, 1954.

F. Cauët, *l'Esprit de Barrès,* Plon, 1938.

Henri Clouard, *le Bilan de Barrès,* Sequana.

Jean Cocteau, *la Noce massacrée* (Visite à Maurice Barrès), A la Sirène, 1921.

Jean Dietz, *Maurice Barrès,* La Renaissance du Livre.

Ramon Fernandez, *Barrès,* Ed. du Livre Moderne, 1943.

I.-M. Frandon, *l'Orient de Maurice Barrès,* Droz, 1952.

Henri Gouhier, *Notre ami Maurice Barrès,* Ed. Montaigne.

René Lalou, *Maurice Barrès,* Hachette, 1950.

Jacques Madaule, *le Nationalisme de Barrès,* Sagittaire, 1942.

Henri Massis, *Evocations,* Plon, 1931.

François Mauriac, *Ecrits intimes* (La rencontre avec Barrès), La Palatine.

Charles Maurras, *Maîtres et témoins de ma vie d'esprit,* Flammarion.

Henry de Montherlant, *Aux fontaines du désir* (« Barrès s'éloigne »), *le Solstice de Juin* (« Barrès qu'on éloigne »), Gallimard.

Pierre Moreau, *Maurice Barrès,* Le Sagittaire, 1946.

P.-H. Petitbon, *Taine, Renan et Barrès,* Belles Lettres, 1934.

Principaux articles
consacrés à Barrès
par Pierre de Boisdeffre

« Rythmes barrésiens », *Transitions,* mars 1945.
« Le Nationalisme et la Troisième République », *Promotions,* V, 1947.
« Justice pour Barrès », *Etudes,* mars 1949. (Cet article nous a valu
  les lettres d'André Gide et de Charles Maurras citées plus haut.)
« Retour à Barrès ? », Enquête (avec les réponses de A. Maurois, A.
  Siegfried, A. Malraux, M. Jouhandeau, J. Paulhan, A. Camus, J.-L.
  Curtis, M. de Saint-Pierre) parue dans les *Nouvelles littéraires* du
  20 mars 1952.
« Barrès parmi nous », *Combat,* 17 décembre 1953.
« Années d'apprentissage », les *Nouvelles littéraires,* 26 novembre 1953.

Table des matières

Dépôt légal n° 157 - 2ᵐᵉ trimestre 1962   Imprimé en Belgique